O QUE ESTÃO FAZENDO COM A IGREJA

AUGUSTUS NICODEMUS

O QUE ESTÃO FAZENDO COM A IGREJA

ASCENSÃO E QUEDA DO MOVIMENTO EVANGÉLICO BRASILEIRO

MC
mundocristão
São Paulo

Os textos das referências bíblicas foram extraídos da *Nova Versão Internacional* (NVI) da Sociedade Bíblica Internacional, salvo indicação específica.

Dados Internacionais de Catalogação na Publicação (CIP)
(Câmara Brasileira do Livro, SP, Brasil)

Lopes, Augustus Nicodemus,

O que estão fazendo com a Igreja: Ascensão e queda do movimento evangélico brasileiro / Augustus Nicodemus Lopes — São Paulo: Mundo Cristão, 2008.

Bibliografia.
ISBN 978-85-7325-546-1

1. Controvérsias teológicas 2. Evangelicalismo 3. Igreja Evangélica - Brasil 4. Liberalismo (Religião) 5. Seitas cristãs 6. Teologia doutrinal I. Título.

08-05727 CDD-230.04624

Índice para catálogo sistemático:
1. Brasil : Evangelicalismo : Teologia : Doutrina cristã 230.04624
Categoria: Igreja

Edição revisada segundo o Novo Acordo Ortográfico

Publicado no Brasil com todos os direitos reservados por:
Editora Mundo Cristão
Rua Antônio Carlos Tacconi, 79, São Paulo, SP, Brasil, CEP 04810-020
Telefone: (11) 2127-4147
www.mundocristao.com.br

1ª edição: agosto de 2008
16ª reimpressão: 2016

Sumário

Quarta parte: Os libertinos

Quinta parte: Os neopentecostais

Sexta parte: Fundamentalistas, reformados e puritanos

Prefácio

Sinto-me privilegiado por prefaciar a obra do dr. Augustus Nicodemus Lopes, *O que estão fazendo com a Igreja: Ascensão e queda do movimento evangélico brasileiro*, para os leitores de língua portuguesa. Nela, Nicodemus traz um alerta sobre a crise teológica e ética que assola a Igreja Brasileira, acompanhada de uma prática pastoral muitas vezes ineficaz.

Não é preciso grande dose de perspicácia para constatar que, nas últimas décadas, muitos evangélicos se distanciaram dos postulados da Reforma Protestante. Não há preocupação com interpretar corretamente o texto bíblico, com os parâmetros da hermenêutica e com a ética cristã. Os escândalos se multiplicam e a credibilidade da Igreja Brasileira esmorece cada vez mais. Há pouco interesse pela educação teológica. Assim, a Igreja Evangélica no Brasil não consegue mais ser sal da terra nem luz do mundo. É muito mais influenciada do que influencia. Os prejuízos têm sido enormes para a evangelização e para o crescimento espiritual dos fiéis.

Ao reduzir o espaço da teologia em seu *modus operandi* e sem os parâmetros da hermenêutica e da exegese bíblica, vários segmentos evangélicos no Brasil concedem a seus líderes a livre interpretação do texto bíblico, a multiplicação de novidades doutrinárias, uma criatividade questionável nos levantamentos de recursos financeiros e o emprego de manipulações na busca por mais adeptos.

Já há vários anos essa crise doutrinária e ética se alastra em grande parte do campo evangélico brasileiro. Nele encontra-se uma igreja capaz de mobilizar as massas, mas não a mente. Uma igreja muito mais propensa a sentir que a refletir tende a exceder-se constantemente no uso dos dons espirituais e no ensino da fé cristã. Uma igreja que já não se lembra de suas raízes. De fato, o evangelho que se prega hoje em várias vertentes evangélicas brasileiras está muito distante daquele registrado nas páginas do Novo Testamento.

Quando se reuniu com os líderes de Éfeso, Paulo os alertou sobre tais perigos para o rebanho de Deus:

> Sei que, depois da minha partida, lobos ferozes penetrarão no meio de vocês e não pouparão o rebanho. E dentre vocês mesmos se levantarão homens que torcerão a verdade, a fim de atrair os discípulos. Por isso, vigiem! Lembrem-se de que durante três anos jamais cessei de advertir cada um de vocês disso, noite e dia, com lágrimas. Agora, eu os entrego a Deus e à palavra da sua graça, que pode edificá-los e dar-lhes herança entre todos os que são santificados.
>
> Atos 20:29-32

Pedro também exorta:

> No passado surgiram falsos profetas no meio do povo, como também surgirão entre vocês falsos mestres. Estes introduzirão secretamente heresias destruidoras, chegando a negar o Soberano que os resgatou, trazendo sobre si mesmos repentina destruição. Muitos seguirão os caminhos vergonhosos desses homens e, por causa deles, será difamado o caminho da verdade.
>
> 2Pedro 2:1-2

Uma das maiores necessidades dos evangélicos brasileiros é o discernimento bíblico e doutrinário, pois nunca uma geração de crentes foi tão bombardeada com informações como a atual. Os ventos de doutrina e as distorções bíblicas estão por toda parte. Temas importantes da fé cristã como justificação pela fé, conversão, pecado, salvação, arrependimento, graça e *parousia* já perderam espaço para o canto, a dança, o *show* e o entretenimento em muitos púlpitos. Por isso, este livro do dr. Augustus Nicodemus é bem-vindo e extremamente necessário.

Creio que o autor é uma voz que Deus levantou para falar a esta geração. Sua formação acadêmica e ampla experiência como pesquisador, escritor e pastor de almas conferem-lhe autoridade mais que suficiente para alertar a Igreja Brasileira sobre as ameaças da pós-modernidade no campo das ideias. Como afirma o autor, o perigo está em toda parte: nas universidades, nas escolas teológicas, nas igrejas e na mídia em geral.

Com linguagem clara e, muitas vezes, contundente, o autor trata de diversos assuntos que causam inquietações e geram controvérsias nos arraiais evangélicos, como a neo-ortodoxia, o pluralismo religioso, a proposta de uma espiritualidade com base na mística medieval, questões quanto à autoridade e inerrância da Bíblia Sagrada e o constante conflito entre o liberalismo teológico e a ortodoxia cristã. Como doutor em hermenêutica, discorre também sobre os métodos de interpretação bíblica.

A obra trata do neopentecostalismo, um movimento que fez da teologia da prosperidade sua mola propulsora. Por conhecer bem o campo religioso brasileiro e interagir com as diferentes denominações, inclusive as pentecostais, o autor comenta com lucidez e paixão pastoral a tentação que reina entre muitos pregadores tradicionais de imitar a liturgia e os métodos proselitistas neopentecostais.

Muito acima do chanceler da Universidade Presbiteriana Mackenzie, do doutor em Hermenêutica, do teólogo capaz de analisar e explicar, com brilhantismo, a história do pensamento cristão, pude conhecer, através das páginas deste livro, um homem cristão, que ama a Palavra de Deus e que conhece Jesus Cristo, e isso é o mais importante. Creio que o clamor por uma volta à Bíblia Sagrada e às verdades defendidas pela Reforma Protestante será ouvido por muitos após a leitura deste livro.

Paulo Romeiro
Doutor em Ciências da Religião
Professor do programa de pós-graduação em Ciências da Religião
da Universidade Presbiteriana Mackenzie

Introdução

Um livro como este precisa de uma introdução com várias explicações. A primeira é quanto a uma de suas ênfases maiores: a falência do evangelicalismo brasileiro. É minha convicção que o evangelicalismo brasileiro está chegando a uma etapa que prenuncia seu fim. Com seus pastores e mestres minados pelo liberalismo teológico presente em seminários e escolas de teologia, com seus membros contaminados pelo pragmatismo e pelo relativismo neopentecostais, pouco tempo lhe resta, pois essa dose dupla é fatal. A menos que um poderoso movimento de reforma ocorra, os evangélicos vão finalmente sucumbir à agenda de liberais, neo-ortodoxos, libertinos e neopentecostais, gerando um outro movimento e uma outra igreja no Brasil, bem distintos da igreja evangélica que evangelizou o país em tempos idos.

Há vários sintomas que sugerem que não estou exagerando com essa afirmativa. Vou mencioná-los em conexão com os diversos grupos que hoje racham a igreja evangélica em muitos pedaços.

Primeiro, é perceptível o recrudescimento do liberalismo teológico no meio evangélico. Após muitos anos plantando quase imperceptivelmente as sementes do liberalismo teológico nas instituições de ensino seculares e religiosas, os liberais estão colhendo a mancheias o fruto longamente esperado. Por *liberais* quero dizer os que adotam em maior ou menor medida o método histórico-crítico de interpretação da Bíblia juntamente com os pressupostos teológicos que o acompanham.[1] Com o reconhecimento governamental dos cursos de teologia e de ciências da religião, há uma corrida desenfreada de pastores, evangelistas, mestres e professores evangélicos por diplomas reconhecidos pelo Ministério da

[1] Para análise do liberalismo teológico e comparação com as doutrinas cristãs veja J. Gresham Machen, *Cristianismo e liberalismo*, São Paulo: Os Puritanos, 2001.

Educação obtidos, na maior parte das vezes, em instituições nas quais os liberais por anos vinham semeando dúvida quanto à autoridade e à veracidade da Palavra de Deus. Centenas e centenas de evangélicos vêm se submetendo à doutrinação liberal, chamada de "científica", em troca de um carimbo do governo em seu diploma. O resultado não poderia ser outro: dúvidas quanto aos principais pontos da fé cristã histórica um dia abraçada e defendida com firmeza, acompanhadas da rejeição de definições doutrinárias e práticas claras. O evangelicalismo perdeu a virilidade teológica, o rumo certo, os referenciais confiáveis. A Palavra de Deus e sua relevância para hoje são questionadas.

Incluo nesse panorama os *neo-ortodoxos*, embora o grupo proteste. É verdade que, historicamente, a neo-ortodoxia é um movimento distinto do liberalismo teológico. Tendo surgido como uma tentativa de corrigi-lo, não descartou os resultados do liberalismo quanto as Escrituras, mas os pressupõe. É por isso que podem ser chamados também de *neoliberais*, os novos liberais do presente. Se, antes, eram denominados neo-ortodoxos por parecer representar um regresso à ortodoxia, logo ficou evidente que nada mais representavam que uma nova forma de liberalismo. Assim, neo-ortodoxos — ou, mais propriamente, *neo-liberais* — adotam conceitos aproximados com relação à falibilidade das Escrituras e usam o mesmo método de interpretação bíblica. Neste livro uso de modo intercambiável os termos liberais, neo-ortodoxos e neoliberais com frequência referindo-me ao mesmo grupo. Afinal, eles têm muito em comum e muitas vezes são indistintos.

Segundo, e em consequência do sintoma anterior, hoje os libertinos têm coragem para assumir publicamente suas posturas. "Libertinos" são aqueles que, mesmo dentro dos arraiais evangélicos, não veem nada de errado no sexo antes e fora do casamento e nutrem alguma simpatia pela prática homossexual, por exemplo. A ética dos libertinos é governada pelo conceito de que o amor e a graça de Deus nos permitem viver do jeito que quisermos. Percebe-se a infiltração da libertinagem entre os evangélicos por vários indícios: falta de valores morais claros, ausência de separação entre igreja e mundo, assimilação indiscriminada do meio de vida e de lazer de nossa cultura por parte dos jovens.

Terceiro, é notório o tremendo crescimento do movimento neopentecostal. Neopentecostais são geralmente identificados por sua aderência à teologia da prosperidade e à batalha espiritual, pela autoridade que dão às novas revelações e por um modelo eclesiástico episcopal centrado nos autointitulados bispos e apóstolos. Continuam a crescer no Brasil, apesar de todos os escândalos, denúncias e processos envolvendo seus líderes, noticiados pela mídia e deflagrados pelos órgãos federais. A cara do evangelicalismo brasileiro é cada vez mais moldada pela Universal do Reino de Deus, pela Igreja Renascer — agora em declínio —, e pelas centenas de comunidades relacionadas, muitas delas consideradas igrejas emergentes. Existe uma certa relação entre o neopentecostalismo e o liberalismo teológico, perceptível a olho nu, como a primazia da religiosidade, o consequente relegar das Escrituras a plano secundário e o interesse pelo aqui e pelo agora em detrimento da escatologia. Apesar das constantes referências à Bíblia, na prática os neopentecostais tal como liberais e libertinos, relegam a sua autoridade a plano secundário, embora por motivos diferentes. Há muito a ser dito sobre o assunto, mas neste livro eu me concentro nos demais autores do cenário evangélico brasileiro, já que existe ampla literatura disponível sobre o fenômeno neopentecostal.[2]

Já procurei uma expressão que pudesse englobar todos esses grupos, porém não fui bem-sucedido. O mais perto que cheguei foi com "esquerda teológica", termo que pensei em utilizar para identificar aqueles dentre o protestantismo brasileiro cujas crenças e valores morais parecem afinados com a esquerda política em pontos variados como evolucionismo, relativismo moral, aborto, eutanásia, homossexualismo

[2] Veja, por exemplo, Paulo Romeiro, *Decepcionados com a graça: esperanças e frustrações no Brasil neopentecostal*, São Paulo: Mundo Cristão, 2005; *Evangélicos em crise: decadência doutrinária na Igreja brasileira*, São Paulo: Mundo Cristão, 1995; *Supercrentes: o evangelho segundo Kenneth Hagin, Valnice Milhomens e os profetas da prosperidade*, 2ª ed., São Paulo: Mundo Cristão, 2007.

etc. — ou seja, liberais, libertinos e, em menor número, neopentecostais. Sei que os neopentecostais tendem um pouco mais à direita nas questões apontadas, mas, ao fim, por não se pautarem consistentemente pelo referencial exclusivo das Escrituras, acabam acompanhando liberais e libertinos em questões morais e éticas.

Quando cogitei usar esse termo, não pretendia afirmar que todo esquerdista político é necessariamente um esquerdista teológico. Conheço vários conservadores teológicos que são de esquerda. O oposto, todavia, parece-me sempre verdadeiro: a esquerda teológica inevitavelmente segue a política de esquerda no Brasil. O termo, portanto, mostrou-se útil para identificar os teólogos que partilham da mesma atitude relativista e liberal que caracteriza as ideologias esquerdistas oriundas do marxismo. Serviria para designar todo esse complexo de ideias e conceitos ideológicos, políticos e teológicos que desconhece as fronteiras tradicionais entre denominações.

É preciso igualmente esclarecer que, em minha opinião, a "direita teológica" não se alinha necessariamente com a direita política — até porque, segundo me informam, nunca houve de fato uma direita política por essas bandas. Há, inegavelmente, uma simpatia por parte dos conservadores teológicos para com a agenda republicana americana na luta pelos valores familiares, assim como o esforço contra o aborto, a eutanásia e o homossexualismo, mas não a ponto de identificação completa com o republicanismo.

De acordo com vários amigos meus, é impossível separar a teologia esquerdista da política esquerdista, pois todo adepto da teologia da libertação, por exemplo, é necessariamente esquerdista político, embora nem todo esquerdista político seja adepto da teologia da libertação. Norma Braga de certa feita me escreveu:

> Ora, sabemos que o liberalismo teológico é um cruzamento de secularismo humanista e teologia cristã. Diante disso, não é difícil perceber de onde vem o embasamento teórico (ou os questionamentos) do liberalismo teológico hoje: de todo o amálgama de esquerdismo e relativismo

> que banha não só a literatura, mas toda a área de ciências humanas. Assim, tudo aponta mesmo para a existência de uma conexão entre esquerda e neoliberalismo, que me parece até natural, dado o caráter relativista da esquerda.

Assim, o alicerce do liberalismo teológico e da esquerda política parece partilhar essas características em comum: o relativismo e o materialismo.

Todavia, acabei desistindo da expressão "esquerda teológica" neste livro, pois muitas explicações seriam necessárias todas as vezes que ocorresse. Fica somente o registro de que um dia a ideia passou por minha mente.

Por último, inclui uma parte sobre fundamentalistas, reformados e puritanos. Pode ser uma surpresa para alguns, mas tenho críticas também a esses grupos, embora, certamente, me identifique muito mais com eles do que com os demais. Tentei ser justo nas minhas análises.

Agora, algumas explicações sobre este livro. Trata-se de uma coletânea editada de *posts* meus no *blog O Tempora, O Mores*, que compartilho com meus amigos Solano Portela e Mauro Meister.[3] Fundado em dezembro de 2005, o *blog* tornou-se um dos difusores na *blogosfera* do pensamento cristão conservador sobre temas diversos. A presente obra é composta de meus *posts* ali sobre liberalismo, neo-ortodoxia e libertinos. A guisa de contraponto, inclui igualmente naquele espaço material sobre conservadores, fundamentalistas e puritanos. Chegamos a pensar na publicação de *todos* os *posts*, inclusive os de Solano e Mauro, o que cobriria uma gama variadíssima de assuntos. Mas eu queria um livro que tratasse especificamente dos liberais no sentido amplo.

Essas reflexões foram escritas a partir do ponto de vista reformado e calvinista, o que certamente provocará alguma polêmica e reflexão em leitores de outras persuasões. Apesar disso, eles poderão, com um pouco de boa vontade, encontrar aqui muitos pontos de concordância.

[3] <http://tempora-mores.blogspot.com>.

Tentei agrupar os capítulos em blocos temáticos. Verifico, todavia, que nem sempre um capítulo está bem posicionado, pois toca em diferentes áreas ao mesmo tempo, dificultando a decisão sobre o local apropriado. Espero que isso não dificulte a leitura.

O objetivo deste livro é provocar reflexão e servir como instrumento de fortalecimento para todos aqueles que desejam seguir a fé bíblica conforme entendida pelo cristianismo histórico.

São Paulo, abril de 2008
Augustus Nicodemus Lopes

As raízes da crise
primeira parte

capítulo um

O que aconteceu com os evangélicos no Brasil?

Quando Paulo Romeiro escreveu *Evangélicos em crise* em meados da década de 1990,[1] havia apenas abordado um dos muitos modos pelos quais o evangelicalismo entrara em colapso no Brasil: sua incapacidade de deter a proliferação de teologias oriundas de uma visão pragmática e mercantilista de igreja, no caso, a teologia da prosperidade. Fica cada vez mais evidente que os evangélicos se encontram, hoje, em meio a uma crise muito maior, a começar pela dificuldade — para não falar da impossibilidade — de ao menos se definir o que é ser evangélico.

Até pouco tempo, "evangélico" indicava vagamente aqueles protestantes de todas as denominações — presbiterianos, batistas, metodistas, anglicanos, luteranos e pentecostais, entre outros — que detinham pelo menos três características: consideravam a Bíblia como Palavra de Deus, autoritativa e infalível; eram conservadores no culto e nos padrões morais; cultivavam uma visão missionária. Hoje, no Brasil, o termo não abrange mais tais itens, mas tem sido usado para se referir a todos os que, no âmbito do cristianismo, não são católicos romanos: protestantes históricos, pentecostais, neopentecostais, igrejas emergentes, comunidades dos mais variados tipos etc.

Os evangélicos têm tido dificuldade para escolher uma única palavra que os defina, já que "evangélico" praticamente perdeu seu sentido original. Quando, para nos identificarmos, precisamos pedir licença

[1] São Paulo: Mundo Cristão,1995.

para tecer longas explicações e depois temos de lançar mão de três ou quatro atributos, isto é sinal de que a coisa está realmente feia. "Cristão" inclui católicos e espíritas. "Protestante" inclui também liberais. "Reformado" inclui várias linhas e é título predileto dos liberais dentro das igrejas históricas. "Evangélico" é amplo demais e é preferido dos neopentecostais e da mídia. Só mesmo usando mais de um adjetivo.

É evidente a crise gigantesca em que os evangélicos se encontram: indefinição quanto aos rumos teológicos, multiplicidade de teologias divergentes, falta de liderança com autoridade moral e espiritual, derrocada doutrinária e moral de líderes que um dia foram reconhecidos como referência, ascensão de líderes totalitários que se autodenominam pastores, bispos e apóstolos, conquista gradual das escolas de teologia pelo liberalismo teológico, ausência de padrões morais que pautem ao menos a disciplina eclesiástica, depreciação da doutrina, mercantilização de várias editoras evangélicas que passaram a publicar livros de linha não evangélica, surgimento das chamadas igrejas emergentes. Como resultado, cada vez mais pessoas procuram igrejas para se sentir bem, para buscar solução imediata de seus problemas, sem sequer refletir nas questões mais profundas acerca da existência e da eternidade, migrando de uma comunidade para outra sem qualquer compromisso ou engajamento com a vida cristã.

Recentemente, um amigo meu, respeitado professor de teologia, confessou-me acreditar que o evangelicalismo brasileiro está na UTI. Concordo com ele. A crise, contudo, tem suas raízes na própria natureza do evangelicalismo, desde o seu nascedouro. Há opiniões divergentes sobre a data de nascimento do moderno evangelicalismo. Aqui, adoto a opinião de que o movimento surgiu entre as décadas de 1950 e 1960 nos Estados Unidos. Era uma ala dentro do movimento fundamentalista que desejava preservar os pontos básicos da fé (veja o capítulo sobre Fundamentalismo), mas que não compartilhava do espírito separatista e exclusivista da primeira geração de fundamentalistas. A princípio chamado de "neofundamentalismo", o evangelicalismo entendia que deveria procurar uma interação maior com questões sociais e, acima de tudo, obter respeitabilidade acadêmica mediante o diálogo com a ciência e com outras linhas dentro da cristandade, sem abrir mão dos "fundamentos". Queriam se livrar da pecha de fechados, intransigentes, obscurantistas e *bitolados*, ao mesmo tempo em que mantinham doutrinas como a inerrância das Escrituras, a crença em milagres, a morte vicária de Cristo, sua divindade e sua ressurreição de entre os mortos. Eram, por assim dizer, fundamentalistas abertos, que acima de tudo queriam ser reconhecidos academicamente.[2]

O que aconteceu para que o evangelicalismo, tanto nos Estados Unidos como no Brasil, chegasse ao ponto crítico em que se encontra hoje? Entendo que a Reforma, com sua teologia e prática, nunca chegou plenamente a nosso país. Como declarou alguém, "somos evangélicos moldados por uma argamassa meio católica, meio espírita e pouco ou nada reformada". Além de não termos conhecido a Reforma em sua plenitude e poder outros fatores parecem ter colaborado para o caos atual:

1. Os evangélicos se engajaram em diálogo com católicos, liberais, neopentecostais e outras linhas sem que os pressupostos doutrinários tivessem sido traçados com clareza. Acredito que se pode dialogar e aprender com quem não é evangélico. Contudo, o diálogo deve ser buscado dentro de pressupostos e fronteiras bem delimitados. Hoje, os evangélicos têm dificuldades de delinear os limites do verdadeiro cristianismo e manter as portas fechadas para heresias.

2. Os evangélicos passaram a adotar o não exclusivismo como princípio. Iniciaram com isso uma abertura para a pluralidade doutrinária, a multiplicidade de eclesiologias e o relativismo moral, sem que dispusessem de qualquer instrumento poderoso o suficiente para ao menos identificar o que estivesse em desacordo com os pontos cruciais.

[2] Veja a história do surgimento do movimento evangelical nos Estados Unidos e as ramificações posteriores em Ian Murray, *Evangelicalism Divided: A Record of Crucial Change in the Years 1950 to 2000*, Edinburgh: Banner of Truth Trust, 2000.

3. Aos poucos, enfraqueceu-se a aderência aos pontos fundamentais, com o objetivo de alargar a base de comunhão com outras linhas dentro da cristandade. Com a progressiva redução do que era básico, tornou-se cada vez mais ampla a definição de evangélico, a ponto de perder em grande parte seu significado original.

4. Houve um gradativo abandono dos grandes credos e confissões do passado que moldaram a fé histórica da Igreja com sua interpretação das Escrituras. Não basta dizer que não há erros na Bíblia. Pelagianos, socinianos, unitários, neopentecostais — todos afirmarão o mesmo. A questão é como se interpreta essa Bíblia inerrante. Ao menosprezar séculos de tradição interpretativa e teológica, os evangélicos se viram vulneráveis a toda novidade interpretativa, como a teologia relacional, a teologia da prosperidade, a nova perspectiva sobre Paulo etc.

5. A orientação teológica evangélica sofreu uma sutil mutação: de agostiniana e reformada, passou a se caracterizar por uma tendência predominantemente arminiana. Tal mudança acarretou várias consequências: a penetração no meio evangélico de sistemas como a teologia relacional, que é filhote do arminianismo; a invasão da espiritualidade mística centrada na experiência, fruto do reavivalismo pelagiano de Charles Finney; a depreciação da doutrina em favor do pragmatismo e o antropocentrismo no culto, na igreja e na missão, produtos da orientação teológica arminiana, centrada no homem. Mas talvez a pior dessas consequências tenha sido a perda da cosmovisão reformada, que serviria de base para um olhar abrangente sobre a cultura, a ciência e a sociedade a partir da soberania de Deus sobre todas as áreas da vida. Sem essa abrangência, o evangelicalismo tem se limitado a ações isoladas e fragmentadas na área social e política, muitas vezes sem conexão alguma com a visão cristã de mundo.

6. Em meio a tudo isso, não podemos esquecer a omissão e o descaso de boa parte das igrejas históricas reformadas. Embora essas igrejas nunca tenham sido numericamente importantes no cenário nacional, sempre exerceram no país uma influência bastante

significativa. Todavia, há algumas décadas, pouco ou nada têm se feito para alertar ou impedir que os evangélicos abandonem sua herança e sua história. A exceção deveu-se aos esforços do movimento fundamentalista no Brasil (hoje praticamente sem influência alguma), nem sempre bem recebidos por causa da maneira como apontava os descaminhos.

Por fim, os evangélicos se lançaram avidamente em busca de respeitabilidade acadêmica, não somente da parte dos demais cristãos, mas sobretudo da parte da academia secular. Essa sofreguidão por reconhecimento tem feito esquecer que o opróbrio da cruz é mais aceitável diante de Deus que o louvor humano. Como resultado, o evangelicalismo terminou por submeter várias de suas instituições teológicas aos padrões educacionais do estado e das universidades, padrões comprometidos metodológica, filosófica e pedagogicamente com a cosmovisão humanística e secularizada, em que as Escrituras e o cristianismo são estudados de uma perspectiva não cristã. Abriram-se assim as comportas para o velho liberalismo.

Não há saída fácil para essa crise. Contudo, vejo a fé cristã histórica, conforme manifestada na Reforma protestante, como uma alternativa possível e viável para a igreja evangélica brasileira. Reconheço que nem sempre as igrejas reformadas no Brasil têm sido exemplo de vitalidade, relevância e liderança. Todavia, o potencial está lá.

A situação está crítica, mas não a ponto de apelarmos para alternativas radicais, como promover um outro Deus, uma outra Igreja, um outro Espírito para um outro mundo possível, com uma nova leitura da Bíblia, da salvação e da Igreja — aliás, título de um simpósio recente em São Paulo. Não creio que vamos encontrar soluções na rejeição a dois mil anos de cultura cristã.

Creio que a fé da Reforma pode fazer a diferença hoje no Brasil, desde que nos mantenhamos fiéis às grandes doutrinas da graça e aos lemas da Reforma, retomando o que restou a ser feito: dialogar e interagir com a diversidade delineando com clareza as fronteiras do cristianismo; abandonar o inclusivismo generalizado e adotar um exclusivismo inteligente e sensível; voltar a valorizar a doutrina, especialmente os pontos fundamentais da fé cristã expressos nos credos e confissões, que moldaram os inícios do movimento evangélico. Talvez assim possamos traçar com mais nitidez os contornos da face evangélica em nosso país.

Ao afirmar isso, não estou advogando o retorno dos costumes, das práticas e da cosmovisão da sociedade e da cultura onde houve a Reforma. O contexto brasileiro hoje é diferente do contexto da Europa do século XVI. Sou tentado a declarar que uma nova Reforma da igreja hoje talvez enfatizasse outros pontos, mas o que me chama a atenção é a abrangência dos princípios defendidos na Reforma. Após contextualizado, cada um deles trata de problemas cruciais que afligem o evangelicalismo moderno no Brasil. Não porque são mágicos, mas porque são bíblicos. Eis um exemplo: hoje, muitos enfatizam a experiência, de um lado, enquanto outros dão primazia ao intelectualismo. Que tal o equilíbrio de Jonathan Edwards, um dos maiores filósofos americanos e, ao mesmo tempo, teólogo reformado, profundo, de alma pastoral, com muitas experiências reais com Deus?

Quanto ao termo "evangélico", talvez não devêssemos pular do barco e abandonar o título, entregando-o a quem não tem, teologicamente, o direito histórico de utilizá-lo. Talvez devêssemos lutar para resgatá-lo. Porém, com a certeza de que será uma luta longa e sem resultado garantido.

capítulo dois

A alma católica dos evangélicos no Brasil

Os evangélicos no Brasil nunca conseguiram se despir totalmente da influência do catolicismo romano. Nisso reside, em parte, a raiz da atual crise que experimentam.

Por séculos, o catolicismo formou a mentalidade brasileira. O crescimento do número de evangélicos no Brasil é cada vez maior — segundo estimativas do IBGE, seriam 40 milhões só no ano de 2006 —, mas há várias *evidências* de que boa parte dos evangélicos não tem conseguido se livrar da herança católica, que ultrapassa em muito a simples presença, em nosso vocabulário, de expressões como *Vixe! Ave Maria! Nossa Senhora!*

É um fato que conversão verdadeira (arrependimento e fé) implica uma mudança espiritual e moral, mas não significa necessariamente mudança de cosmovisão. Alguém pode ter sido regenerado pelo Espírito e ainda continuar, por um tempo, a enxergar as coisas com os pressupostos antigos. E o caso dos crentes de Corinto. Alguns deles haviam sido impuros, idólatras, adúlteros, efeminados, sodomitas, ladrões, avarentos, bêbados, maldizentes e roubadores. Todavia, haviam sido lavados, santificados e justificados "no nome do Senhor Jesus Cristo e no Espírito de nosso Deus" (1Co 6:9-11) sem que essa mudança correspondesse a um giro completo de mentalidade entre eles. Na primeira carta que lhes escreve, Paulo revela duas áreas em que eles continuavam a agir como pagãos: na maneira grega dicotômica de ver o mundo dividido em matéria e espírito (o que dificultava a aceitação das relações sexuais no casamento e da ressurreição física dos mortos — caps. 7 e 15) e o culto à personalidade mantido para com os filósofos gregos (que logo os levou a formar partidos na igreja em torno de Paulo, Pedro, Apolo e até mesmo o próprio Cristo — caps. 1 a 4). Eles eram cristãos, mas com a alma grega pagã.

Da mesma forma que em Corinto, creio que grande parte dos evangélicos no Brasil tem a alma católica. Antes de passar às argumentações, preciso esclarecer um ponto. Todas as tendências que identifico entre os evangélicos como herança católica, no fundo, antes de serem católicas, são realmente tendências da nossa natureza humana decaída, corrompida e manchada pelo pecado, manifestas em todos os sistemas e não somente no catolicismo. Como declarou o reformado R. Hooykas, famoso historiador da ciência, "no fundo, somos todos romanos".[1] Todavia, alguns sistemas são mais vulneráveis a essas tendências e as absorveram mais que outros, como penso que é o caso do catolicismo brasileiro. E que tendências são essas?

1. *O gosto por bispos e apóstolos*. Na Igreja Católica, o sistema papal impõe autoridade de um único homem sobre todo o povo. A distinção entre clérigos (padres, bispos, cardeais e o papa) e leigos (povo comum) eleva os sacerdotes católicos a um nível superior, como se revestidos de autoridade, carisma, espiritualidade inacessível, o que provoca admiração e espanto da gente comum, infundindo respeito e veneração. Há um gosto na alma brasileira por bispos, catedrais, pompas, rituais. Só assim consigo entender a aceitação generalizada por parte dos próprios evangélicos de bispos e apóstolos autonomeados, mesmo após Lutero ter rasgado a bula papal que o excomungava, queimando-a na fogueira. A doutrina reformada do sacerdócio universal dos crentes e a abolição da distinção entre clérigos e leigos ainda não permearam a cosmovisão dos evangélicos no Brasil, com poucas exceções.

[1] *Philosophia Libera: Christian Faith And The Freedom of Science*, Amsterdam: Tyndale Press, Published for the Research Scientists' Christian Fellowship.

Um dos requisitos para o apostolado no Novo Testamento é ser testemunha da ressurreição de Cristo (At 1:21-22). Todos os apóstolos viram o Cristo ressurreto, inclusive Paulo (1Co 15:5-8). Não tiveram visão, sonho ou revelação, mas de fato Cristo lhes apareceu pessoalmente no corpo da ressurreição — inclusive a Paulo no caminho de Damasco (1Co 9:1). O cristianismo histórico sempre entendeu que Paulo foi o último (João na ilha de Patmos esteve diante de uma visão, e não de uma aparição física do Cristo ressurreto, cf. Ap 1:12-16). Além disso, os apóstolos foram capacitados para operar sinais e prodígios dos quais não vemos correspondentes hoje (2Co 12:12). Por último, foram dotados de inspiração e infalibilidade para escrever a Bíblia. Por esse motivo são chamados "fundamentos da Igreja", assim como os profetas do Antigo Testamento (Ef 2:20).

Na verdade, o termo "apóstolo" significa basicamente "enviado" e há quem, além dos Doze e de Paulo, tenha recebido esse título na Bíblia, como Silas e Barnabé (At 14:14; 2Co 8:23). Porém, os modernos autodenominados apóstolos se entendem como na mesma categoria dos Doze e de Paulo. Contudo, os Doze e Paulo estão numa categoria à parte, não tendo nomeado sucessores. Quem sempre se achou sucessor dos apóstolos foi o papa. É somente o ranço católico na alma evangélica que permite que tais autodenominados apóstolos tenham sucesso em nosso meio.

2. *A ideia de que pastores são mediadores entre Deus e os homens.* No catolicismo, a igreja é mediadora entre Deus e os homens e transmite a graça divina mediante os sacramentos, as indulgências, as orações. É através dos sacerdotes católicos que essa graça é concedida, pois são eles que, com suas palavras, transformam na missa, o pão e o vinho no corpo e no sangue de Cristo; que aplicam a água benta no batismo para remissão de pecados; que ouvem a confissão do povo e pronunciam o perdão. Em alguns casos, o padre é visto como "outro Cristo", um canal de mediação entre o rebanho e Deus.

Essa noção de mediação humana passou para os evangélicos com poucas alterações. Até nas igrejas chamadas históricas os crentes brasileiros agem como se a oração do pastor fosse mais poderosa que a deles, considerando-o um mediador entre eles e os favores divinos. Esse ranço católico vem sendo cada vez mais explorado por setores neopentecostais do evangelicalismo, a julgar por práticas já assimiladas como "a oração dos 318 homens de Deus", "a prece poderosa do bispo Fulano", "a oração de poder da irmã Sicrana, que é profetisa" etc.

3. *O misticismo supersticioso no apego a objetos sagrados*. O catolicismo no Brasil, por sua vez influenciado pelas religiões afro-brasileiras, semeou misticismo e superstição durante séculos na alma nacional, enaltecendo milagres de santos, posse de relíquias, aparições de Cristo e de Maria, unção e santificação de objetos, água benta, entre muitos outros. Hoje, há um crescimento espantoso entre setores evangélicos do uso de copo d'água, rosa ungida, sal grosso, pulseiras abençoadas, pentes santos do *kit* de beleza da rainha Ester, peças de roupa de entes queridos, oração no monte e no vale, óleos de oliveiras de Jerusalém, água do Jordão, sal do Vale do Sal, trombetas de Gideão, cajado de Moisés... A imaginação dos líderes e a credulidade do povo são ilimitadas. Um amigo meu contou ter presenciado práticas estranhas como venda de pedaços do salmo 23 para a preparação de um chá que cura vícios, gente que dorme com uma Bíblia debaixo do travesseiro com a alegação de garantir bons sonhos e páginas ungidas por um "apóstolo" que são vendidas para serem colocadas nas paredes das casas dos crentes, entre outras coisas. Um outro mencionou evangélicos que guardam "patuás", "amuletos", "sal e alho" dentro de recipientes em suas casas, assim como os adeptos do candomblé, para se livrar dos "maus espíritos".

Esse fenômeno só pode ser explicado, a meu ver, por um gosto intrínseco pelo misticismo impresso na alma católica dos evangélicos.

4. *A separação entre sagrado e profano*. No centro do pensamento católico existe a distinção entre natureza e graça idealizada e defendida por Tomás de Aquino, um dos mais importantes teólogos da Igreja Católica. Talvez Aquino não pretendesse separar natureza e graça, apenas propor uma distinção entre ambos os conceitos. Mal compreendido

ou não, na prática, sua distinção contribuiu significativamente para a aceitação de duas realidades coexistentes, antagônicas e frequentemente irreconciliáveis: o sagrado, substanciado na Santa Igreja, e o profano, que é tudo o mais no mundo lá fora. Os brasileiros aprenderam durante séculos a não misturar as coisas: sagrado é aquilo que a gente vai fazer na Igreja: assistir à missa e se confessar. O profano — meu trabalho, meus estudos, as ciências — permanece intocado pelos pressupostos cristãos, separado de forma estanque.

É provável que essa visão dicotômica da vida anteceda o catolicismo romano, tendo origem no gnosticismo. Catolicismo e gnosticismo têm muito em comum, como a visão dicotômica de realidade representada na oposição entre matéria e espírito. Como o gnosticismo é mais antigo, deve ter entrado na cultura católica medieval incipiente através do paganismo que infestou as fileiras da Igreja a partir do século IV. Por volta da mesma época, surgem os mosteiros, caracterizando a busca da espiritualidade que consistia, em parte, no ascetismo que sufocava a matéria para que o espírito pudesse libertar-se.

Hoje, os evangélicos parecem partilhar a mesma visão. Falta-nos uma mentalidade que integre a fé às demais áreas da vida, conforme a visão bíblica de que tudo é sagrado. Por exemplo, na área da educação, temos por séculos deixado que a mentalidade humanista secularizada, permeada de pressupostos anticristãos, eduque nossos filhos, do ensino fundamental até o superior. Com algumas exceções: em outros países, os evangélicos têm tido mais sucesso em manter instituições de ensino que, além de serem tão competentes como as outras, oferecem uma visão de mundo, de ciência, de tecnologia e da história oriunda de pressupostos cristãos. Numa cultura permeada pela ideia de que o sagrado e profano, a religião e o mundo, são dois reinos distintos e frequentemente antagônicos, não há como uma visão integral surgir e prevalecer a não ser por uma profunda reforma de mentalidade entre os evangélicos.

5. *Somente pecados sexuais são realmente graves.* A distinção entre pecados mortais e veniais feita pelo romanismo católico vem permeando

a ética brasileira há séculos. Segundo essa distinção, pecados considerados mortais privam a alma da graça salvadora e a condenam ao inferno, enquanto os veniais, como o nome já indica, são mais leves e merecem somente castigos temporais. A nossa cultura se encarregou de preencher as listas dos mortais e dos veniais. Dessa forma, enquanto se pode aceitar a "mentirinha", o jeitinho, o tirar vantagem, a maledicência etc., o adultério se tornou imperdoável. O presidente Lula foi reeleito cercado de acusações de corrupção, verdadeiras ou não. Mas, se tivesse ocorrido uma denúncia de escândalo sexual, tenho dúvidas de que teria sido reeleito, ou de que teria sido reeleito por uma margem tão grande. Nas igrejas evangélicas — onde se sabe que, segundo a Bíblia, todo pecado é odioso e que quem guarda toda a lei de Deus e quebra um só mandamento é culpado de todos — é raro que alguém seja disciplinado, corrigido, admoestado, destituído ou despojado por pecados como mentira, preguiça, orgulho, vaidade, maledicência, entre outros. As disciplinas eclesiásticas objetivam via de regra pecados de natureza sexual, como adultério, prostituição, fornicação, adição à pornografia, homossexualismo etc. embora até mesmo esses estão sendo cada vez mais aceitáveis aos olhos evangélicos. Mais um resquício de catolicismo na alma dos evangélicos?

O que é mais surpreendente é que os evangélicos no Brasil estão entre os mais anticatólicos do mundo. Só para ilustrar (e sem entrar no mérito da polêmica), o Brasil é um dos poucos países no qual convertidos do catolicismo são rebatizados nas igrejas evangélicas. O anticatolicismo brasileiro, todavia, concentrou-se apenas na questão das imagens e de Maria, e em questões éticas como não fumar, não beber e não dançar. Não foi e não é profundo o suficiente para fazer uma crítica mais completa de outros pontos que, por anos, vêm moldando a mentalidade do brasileiro, como mencionado. Além de uma conversão dos ídolos e de Maria a Cristo, os brasileiros evangélicos precisam de conversão na mentalidade, na maneira de ver o mundo. Temos que trazer cativo a Cristo todo pensamento e não somente os nossos pecados. Nossa cosmovisão precisa também de conversão (2Co 10:4-5).

Quando vejo o apego de grandes massas ditas evangélicas às práticas medievais católicas — de objetos ungidos e consagrados para o culto a Deus, busca por bispos e apóstolos, recurso a práticas supersticiosas — , pergunto-me se, ao final das contas, o neopentecostalismo brasileiro não é, na verdade, um filho da Igreja Católica medieval, uma forma de neocatolicismo tardio que surge e cresce em nosso país onde até os evangélicos têm alma católica.

Um dos efeitos mais destrutivos dessa mentalidade romanista é que pavimentou em vários aspectos o caminho para a entrada do liberalismo teológico no cenário evangélico. Pois o ponto central dessa mentalidade é, em última análise, o enfraquecimento das Escrituras como a Palavra de Deus, a única regra de fé e prática. A autoridade e a mediação dos bispos e apóstolos, o uso de objetos ungidos como pontos onde a fé se apóia, a ênfase em determinados pecados em detrimento de outros igualmente condenados na Bíblia serviram para enfraquecer a autoridade das Escrituras dentro do evangelicalismo. Assim, o catolicismo preparou os evangélicos para aceitarem outra fonte de autoridade além da Bíblia. Nesse contexto, a tarefa dos liberais, de desacreditá-la sutilmente como a infalível e autoritativa Palavra inspirada de Deus, tornou-se muito mais fácil, relativizando seu sentido e expurgando-a de seu caráter normativo.

A falácia liberal

segunda parte

capítulo três

Não se fazem mais liberais como antes

Sempre fiquei admirado com o radicalismo das ideias e a criatividade dos antigos liberais alemães e americanos. Impressionava-me a coragem que demonstravam em cruzar as linhas que claramente demarcam o solo santo da fé histórica da Igreja. Nunca entendi direito como alguém que não cria que a Bíblia era a Palavra de Deus, que não cria na encarnação, que não cria na ressurreição física e literal de Jesus, ainda podia ter algum interesse em estudar a Bíblia. Mas esses autores não somente negavam tudo isso e muito mais, como também davam provas de uma criatividade extraordinária para explicar o que acreditavam que *realmente* havia acontecido na Igreja e em Israel. O bom da coisa é que eu sabia desde cedo com quem estava lidando. Os limites eram nítidos. Como afirmou J. Gresham Machen no clássico *Cristianismo e liberalismo*,[1] o liberalismo não é cristianismo, mas outra religião. E isto ficava claro nos próprios livros dos liberais.

Hoje é diferente. A existência de liberais costuma ser negada. Num certo sentido, é verdade: como movimento e metodologia, o liberalismo teológico já foi desacreditado. Os neoliberais, seus sucessores, são de outra estirpe. Prefiro os antigos liberais. Os neoliberais não são radicais nem criativos. Não tomam posição. Não se exprimem com clareza. Preferem o caminho da ambiguidade, da incerteza, da mornidão, do crepúsculo. Você nunca sabe em que realmente um neoliberal acredita,

[1] São Paulo: Os Puritanos, 2001.

nem quando fala, nem quando escreve. Daí, considero os neoliberais mais perigosos do que os antigos liberais. Judas trata dos falsos mestres como "rochas submersas", um perigo para a navegação exatamente porque eram invisíveis (Jd 12).

Não é à toa que os neoliberais são muito parecidos com os teóricos da modernidade, como Kant, Hegel, Sartre, Deleuze, Nietzsche, Feuerbach, Freud, Marx, Foucault, Derrida, Gadamer, Ricoeur, entre outros. Afinal, bebem da mesma fonte e seguem o mesmo método, perguntar sem nunca concluir, abrir sem nunca fechar, levando os ouvintes ou leitores a caminharem em círculos para não chegar a lugar algum, já que, para começar, mesmo aventurando-se a escrever livros produzindo conhecimento, os neoliberais descreem na possibilidade real de conhecimento.

Certa vez um neoliberal veio conversar comigo sobre Adão. Teria existido realmente ou foi uma lenda do antigo Israel? Durante a conversa toda fiquei sem saber se afinal ele acreditava na existência de Adão, se estava perguntando porque tinha dúvidas ou porque desejava ouvir meus argumentos. Os alunos de professores neoliberais geralmente saem divididos da aula: "O professor acredita na Bíblia!", exclama um. "Como?", responde o outro, "ele chamou tudo de mito!".

E a queda dos neoliberais para o pentecostalismo? É quando a confusão é maior! Creio que os pentecostais não reconheceriam os neoliberais como filhos legítimos. Sequer se sabe se eles acreditam na personalidade do Espírito Santo e na ocorrência de milagres. Os antigos liberais, contudo, permaneciam geralmente na tradição de suas igrejas históricas. Rudolph Bultmann, um dos mais conhecidos e competentes dos liberais antigos, foi, até morrer, diácono da Igreja Luterana.

Seminários onde não se ensina nem o liberalismo nem o cristianismo histórico (não usei "fundamentalismo" de propósito), onde não existe uma linha definida, são fábricas de neoliberais. Os recém-formados saem de lá desacreditando da teologia, pois tantas dúvidas foram semeadas em sua alma que não sabem mais como acreditar firmemente em alguma coisa. Disso se segue que, no ministério e na vida pessoal, as opções são o pragmatismo ou o neopentecostalismo, ou ambos ao mesmo tempo. E, em vez de teologia, passam a gostar de poesia.

Os antigos liberais eram impressionantes por sua firmeza, por sua clareza e coragem. Vários perderam seus empregos e ministérios por tomarem posição, como David F. Strauss, que se arriscou a publicar suas ideias estranhas acerca do Jesus histórico.[2] Já seus herdeiros, os neoliberais, nem mesmo sabem em que acreditam, pois acreditam em tudo e, portanto, em nada.

O que mais me assusta, além da falta de clareza dos neoliberais ou pós-modernos, é a possibilidade de que tudo não passe, na verdade, de incredulidade disfarçada sob a capa de pseudoacademicismo. Talvez, no fundo, trate-se realmente de falta de fé, de acreditar, de receber, de se sujeitar à Palavra de Deus. Se for isso mesmo, o neoliberalismo é mais uma manifestação da religiosidade humana privada da graça de Deus. Pois é, não se fazem mais liberais como antes.

2 A obra que deflagrou a polêmica que terminou com sua demissão foi *Das Leben Jesu* [A Vida de Jesus], Tübingen; 1835-1836.

capítulo quatro

A falta de imaginação dos neoliberais

Nunca me esqueci de uma frase que ouvi, quando seminarista em Recife, do já falecido pastor presbiteriano João Campos de Oliveira: "Seja um jovem *pra frente* mas não deixe Jesus pra trás". Acho que, sem perceber, ele havia resumido em poucas palavras o segredo de ser progressista sem ser liberal e a razão pela qual falta imaginação aos teólogos neoliberais.

Lembrei-me dele e de sua frase ao dar um curso sobre as cartas de João a mestrandos em teologia. Estávamos analisando o texto grego verso a verso da segunda carta de João e nos deparamos com o versículo 9: "*Todo aquele que ultrapassa a doutrina de Cristo e nela não permanece não tem Deus*". João se refere claramente aos enganadores mencionados no versículo 7, que um dia "foram crentes" mas já haviam deixado para trás os limites da ortodoxia. "Todo aquele *que ultrapassa*" é um particípio presente no grego, que conota a ideia de uma ação em progresso. Também poderia ser traduzido dessa forma: "Todo aquele *que está ultrapassando* a doutrina de Cristo".

"Ultrapassar a doutrina de Cristo" significa ir além do que os apóstolos e evangelistas ensinaram, desde o princípio, sobre Cristo. "Ultrapassar" significa literalmente ir em frente deixando algo para trás. É muito provável que João estivesse tratando do apelo dos falsos mestres quanto à necessidade de "progresso" na doutrina de Cristo, com a consequente rejeição aos rudimentos ensinados pelos apóstolos. A.T. Robertson define esses mestres: "Aqueles gnósticos se declaravam progressistas, pensadores avançados, que estavam desejosos de deixar Cristo para trás em sua marcha para a frente".[1]

O mesmo apelo continua a ser usado pelos teólogos progressistas e neoliberais no Brasil. Declaram que é preciso ultrapassar os antigos dogmas e confissões, progredindo para uma teologia contemporânea e brasileira. Isso só seria possível se não houvesse verdade absoluta, que transcendesse culturas, gerações e o tempo. Se a doutrina da encarnação real de Jesus Cristo, por exemplo, fosse um dogma primitivo e ultrapassado, haveria sentido em se ignorar os limites da ortodoxia que um dia foram definidos por esse dogma, avançando para outras ideias e provavelmente uma outra religião que não o cristianismo bíblico, apostólico e histórico. Contudo, preferimos ficar com a admoestação joanina: quem for além desses limites "não tem Deus".

Ao mesmo tempo que apelam ao progresso, os neoliberais acusam os conservadores de estagnados e engessados. Todavia, quem pensa que a teologia conservadora cristã (de Agostinho a Calvino, passando pelos puritanos, aos calvinistas modernos) já disse tudo o que se podia dizer sobre a Trindade, por exemplo, e que não resta mais nada a não ser *conservar* o dogma da Trindade e batalhar pela fé que uma vez por todas foi dada aos santos, deveria ler John Frame e Vern Poythress para compreender como teólogos conservadores podem ser *pra frente* sem deixar Jesus para trás. Ambos são apologetas de Westminster e aplicaram de forma criativa a doutrina da Trindade à hermenêutica e à apologética, dando continuidade à visão seminal de Cornelius Van Til. Sem romper com os pressupostos históricos e bíblicos acerca da natureza triúna do único Deus, abriram novos horizontes quanto às implicações dessa triunidade em disciplinas correlatas.[2]

O problema dos neoliberais, à semelhança dos velhos teólogos liberais do passado, é que pensam que só podem ir em frente se romperem

[1] *Word Pictures in the Greek New Testament,* Nashville: Broadman Press, 1934, comentário *in loco.*

[2] John M. Frame, *The Doctrine of God,* Phillipsburg: P&R Publishing, 2002; Vern S. Poythress, *God centered biblical interpretation,* Phillipsburg: P&R Publishing, 1999.

radicalmente com tudo o que ficou para trás. Acreditam que o conhecimento só avança com a mudança dos fundamentos sobre os quais se ergueu o edifício de toda a teologia. Se lessem Nancy Pearcey e outros cristãos que são historiadores da ciência, entenderiam que os avanços da ciência moderna se deram, não com a descoberta de fatos novos que invalidaram os antigos, mas com uma mudança de atitude para com os mesmos fatos de antes.[3]

É preciso mais imaginação e criatividade para ser progressista na teologia sem abandonar os pressupostos cristãos históricos do que para simplesmente jogar o passado fora e recomeçar. O que virá desse segundo procedimento não será algo novo, muito menos cristão, uma vez que as linhas mestras foram abandonadas. Na verdade, quem se preocupa mais em ser atual que ser verdadeiro deixou de ser teólogo há muito tempo.

A teologia brasileira não precisa de uma crise de rompimento radical com o que veio antes. Não queremos reinventar a roda. Mas precisa de imaginação e criatividade para erguer um edifício novo sobre o firme fundamento já lançado pelos antigos. Precisa de teólogos *pra frente* que não deixem Jesus para trás.

[3] Cf. Hermann Hooykaas, *A Religião e o desenvolvimento da ciência moderna*, Brasília: UnB, 1988; Nancy Pearcey, *A alma da ciência*, São Paulo: Cultura Cristã, 2005; Colin Russell, *Correntes cruzadas*: *interações entre a ciência e a fé*, São Paulo: Hagnos, 2004; John Byl, *Deus e cosmos*, São Paulo: Publicações Evangélicas Selecionadas, 2004. Veja ainda Nancy Pearcey, *Verdade absoluta*, São Paulo: CPAD, 2006.

capítulo cinco

Mitos da pluralidade

Uma das palavras que caracteriza a nova época que estamos vivendo é "pluralidade". É um dos conceitos ícones da geração atual. Confesso que não tem sido fácil testemunhar as mudanças geracionais, e um dos aspectos que me deixa perturbado nessa mudança é o automatismo com que "pluralidade" se tornou símbolo desse novo tempo. O termo é trazido à boca com prontidão, a torto e a direito, sem a menor reflexão sobre seu sentido.

Liberais, neo-ortodoxos e libertinos abraçaram com força o conceito de pluralidade. Com sua capa de academicismo e democracia, impulsiona disfarçado o velho relativismo que está no coração da ética libertina.

Admito que há pluralidade no mundo, se entendemos pluralidade como diversidade. Nesse sentido, a criação de Deus é plural, a humanidade feita a sua imagem é plural, as culturas são plurais, as ideias são plurais. Há uma enorme e fascinante diversidade na realidade que nos cerca. Com esse significado relativo e limitado, recebo e amo a pluralidade que encontramos num mundo que faz sentido e que se sustenta em cima de unidades, de princípios universais e absolutos. É, para mim, uma expressão da riqueza, poder e criatividade de nosso Deus.

Todavia, o termo "pluralidade" é utilizado por muitos no sentido absoluto, para negar toda unidade, igualdade, harmonia e coerência que porventura existam no mundo, nas ideias, nas pessoas e nas culturas. Na verdade, o conceito subjacente que o termo pluralidade, usado modernamente, pretende desconstruir, é o de verdade absoluta, de conceitos, ideias e princípios que sejam válidos em qualquer lugar e a qualquer tempo. Nesse sentido, a pluralidade é a testa de ferro do relativismo que infesta a mentalidade moderna, advogando a existência coerente de verdades contraditórias que devem ser igualmente aceitas, sem o crivo do exame da veracidade.

Um amigo me apontou um parágrafo de Battista Mondin sobre esse assunto, que reproduzo pela pertinência:

> [O homem] perdeu a referência que lhe sirva de orientação e não consegue mais encontrar parâmetros válidos sobre os quais fundar seus juízos. Não sabe mais distinguir entre o bem e o mal, entre o verdadeiro e o falso, entre o belo e o feio, entre o justo e o injusto, entre o útil e o prejudicial, entre o lícito e ilícito, entre o decente e o inconveniente [...]. As antigas certezas culturais e morais jazem por toda a terra; os valores sobre os quais se fundava a nossa civilização foram como que esmagados e dissolvidos; os pontos de referência do progresso e da ação perderam sua consistência.

Para mim, como cristão reformado, a pluralidade, entendida como diversidade, é muito positiva. Se entendida como relativismo total ou variedade contraditória, tenho algumas dificuldades com ela, pelos motivos que passo a descrever:

1. Nenhum defensor da pluralidade consegue viver de forma coerente com sua crença de que tudo é relativo. Na prática, precisa compartilhar valores, convenções, costumes e leituras em comum, sob o risco de não conseguir se relacionar nem se comunicar, em suma, para sobreviver. Todo relacionamento precisa de regras comuns e aceitas por todos, como contratos de trabalho, tabela do táxi, leis de trânsito e uma ética ainda que mínima. Mesmo os relativistas mais radicais são obrigados a capitular diante da inexorável realidade: a vida só pode ser organizada e levada à frente com base em princípios físicos e leis universais e que são observados e reconhecidos por todos. Uma amiga minha que está fazendo doutorado comentou recentemente:

Em anos de graduação e pós nunca ouvi tantas vezes o termo "pluralidade", em aulas, congressos, discussões de leituras! E o mais tragicômico disso é que há uma uniformidade incrível por trás desse conceito: são todos dizendo as mesmas coisas, mas falando de "pluralidade"! É para rir.

2. Apesar de Raul Seixas ter preferido ser "uma metamorfose ambulante" e "dizer agora o oposto do que disse antes",[1] tenho a impressão de que dificilmente o ser humano consegue conviver em paz com a ideia da pluralidade. Existe uma busca interior em cada indivíduo por coerência, síntese e unidade de pensamento, sem o que ele não pode fazer sentido da realidade, encontrar o seu lugar no mundo e nem mesmo saber por onde caminhar. Acredito que esse ímpeto é decorrente da imagem de Deus, um Deus de ordem, coerente, completo.

3. O conceito de pluralidade absoluta é internamente inconsistente. A afirmação "não existe uma única ideia certa, mas muitas" pode ser entendida como apenas mais uma dessas muitas ideias, relativa e portanto não válida para todos ao mesmo tempo. Acho interessante que defensores da pluralidade estejam unânimes no defender a existência da pluralidade e a não existência de verdades absolutas. A rigor, a unanimidade é incompatível com a pluralidade. Se todos concordam que não existe uma verdade única, mas muitas, e que a verdade depende do ponto de vista de cada um, essa unanimidade já é uma exceção à regra.

4. O discurso em defesa da pluralidade está longe de ser o discurso de tolerância, igualdade e convivência pacífica de ideias diferentes. De fato oculta a busca pelo poder, pela instalação e dominação de uma única ideia, com a exclusão das outras. O melhor exemplo disso é a academia. Na universidade e nas escolas modernas, embora o discurso seja da convivência com o contraditório, o que existe na prática é a

[1] Trecho da música *Metamorfose ambulante*. A letra dessa música sugere que o artista não se referia à mudança de ideia que é pertinente ao ser humano, mas ao viver sem absolutos, sem referências fixas, numa contradição constante.

dominação ideológica por parte de um grupo que lentamente expulsa do cenário acadêmico outras linhas de pensamento. Isso ocorre na psicologia, na biologia, no direito, na filosofia etc.

5. O princípio subjacente à criação das universidades foi justamente a busca das verdades universais que pudessem unir as diferentes áreas do conhecimento e realizar uma síntese de tudo o que existe. Daí o nome universidades. Infelizmente, hoje, as universidades viraram *diversidades*, abandonando a busca de um todo coerente, de uma cosmovisão que dê sentido harmônico a todos os campos de conhecimento. Quando as universidades surgiram, a cosmovisão cristã fornecia os pressupostos para essa busca da unidade do conhecimento. A teologia era considerada a rainha das disciplinas. Hoje, relegada a um departamento da filosofia, deixou um vácuo até agora não preenchido. Como resultado, tem sido uma constante a fragmentação do conhecimento acadêmico, como se as diferentes disciplinas tratassem com mundos distintos e contraditórios.

6. Modernamente entendida, a pluralidade está longe de ser um valor cristão. Muito embora a Bíblia a reconheça no sentido de diversidade, não há tolerância quando se trata da revelação de Deus e da verdade. Outro evangelho é anátema. O discurso em favor da pluralidade por vezes visa favorecer a legitimação de crenças e práticas que a experiência, a história, a consciência e especialmente a revelação bíblica ensinam que são incorretos e equivocados — para não dizer pecaminosos.

7. Muita gente fala de pluralidade de ideias como se todas as ideias fossem diferentes entre si, ignorando que em muitos casos não se contradizem, apenas se complementam, sendo uma faceta do mesmo diamante, o outro lado da mesma moeda. Em muitos outros casos, ideias que parecem antagônicas são apenas "antinomias" — termo que prefiro a paradoxo. Isto é, a contradição entre elas é apenas aparente, e a falta de harmonização que demonstram se deve não a qualquer coisa que lhes seja intrínseca, mas a nossa pouca capacidade para compreendê-las e relacioná-las. Num mundo criado por um Deus

todo-poderoso, onisciente e infinitamente sábio, é de se esperar que suas criaturas nem sempre entendam racionalmente como as coisas — e elas mesmas — funcionam. O mesmo se aplica à revelação que esse Deus fez de si nas Escrituras.

8. O conceito de pluralidade não legitima a diversidade de religiões. Apenas constata o óbvio: há religiões diferentes e, dentro dos mesmos ramos religiosos, há diferentes interpretações e compreensões acerca de Deus, do homem, da realidade, e de como esses elementos se inter-relacionam. Todavia, a pluralidade funciona apenas como uma constatação e não como uma religião propriamente dita, embora muitos já tenham adotado a pluralidade como sua religião — crendo em tudo e, por isso mesmo, não crendo em nada.

9. É lamentável que muitos que se dizem seguidores de Jesus Cristo e da Bíblia insistam que a pluralidade é o caminho do cristão. Esquecem as posições firmes e claras, e por vezes exclusivistas, que Jesus tomou com relação a outras posições religiosas de sua época. Essa atitude foi seguida à risca pelos apóstolos. Os escritos neotestamentários denunciam falsos profetas e diferentes compreensões da vida e obra de Cristo, relegando ao campo das heresias ideias e conceitos que não se conformavam com o ensino original de Jesus e dos apóstolos. Não há nenhum amor à pluralidade — entendida como relativismo pleno e variedade contraditória — nos escritos do Novo Testamento.

Não me entendam mal. Reconheço e reafirmo a existência da diversidade, variedade, multiplicidade de ideias e costumes, como resultado dos diferentes ambientes vivenciais, experiências e culturas dos indivíduos. Porém, questiono o pensamento de que pluralidade implica total relativização da verdade, dissolução do conceito de que existem ideias e valores absolutos, princípios e verdades espirituais, éticas, morais, epistemológicas que são universais. Nesse ponto, continuo firme na convicção de que o Cristianismo bíblico fornece o fundamento para a compreensão da realidade como um todo coerente.

capítulo seis

Uma questão de método

O método interpretativo por excelência de liberais, neo-ortodoxos e libertinos para ler a Bíblia é o histórico-crítico. Alguns deles não têm a menor ideia de a que esse método se propõe. Mas, todos os mais esclarecidos, são adeptos dele. Como qualquer outro, esse método parte dos pressupostos racionalistas e existencialistas que subjazem ao Iluminismo. Liberais jamais poderiam adotar um método que já se inicie com a ideia de que a Bíblia, por ser divinamente inspirada, está livre de erros nos originais.

Estando familiarizado com esse método e suas múltiplas manifestações, fico com o outro, o gramático-histórico, que os liberais costumam descartar por ser carregado de pressupostos de fé, como se o histórico-crítico, ou qualquer método existente, também não fosse.

O motivo principal pelo qual prefiro o gramático-histórico é a atitude que seus aderentes necessariamente precisam ter para com a Bíblia. Os que adotam esse método geralmente seguem pressupostos para com as Escrituras, no todo ou em parte, que estão ligados ao cristianismo histórico e à Reforma protestante. Como reformado, inclino-me por definição para esse método. Para os que não estão familiarizados com a nomenclatura, o método gramático-histórico é o nome que se dá ao sistema de interpretação oriundo da Reforma, cujos proponentes se caracterizam pelas seguintes atitudes (entre outras) para com a Bíblia:

1. Recebem-na como Palavra de Deus, inspirada, autoritativa, infalível, suficiente e única regra de fé e prática. Assim, desejam submeter-se a ela, pois a consideram acima de suas tradições e confissões.

2. Entendem que, como texto, a Bíblia tem somente um sentido, que é aquele pretendido pelo autor humano inspirado. Esse sentido é geralmente o sentido natural e óbvio do texto. Para descobri-lo, acreditam que ela própria é sua melhor intérprete. Por conseguinte, dedicam-se a estudá-la, pois também reconhecem que foi escrita por homens de cultura e língua diferentes vivendo em momentos históricos diversos.

3. Professam que a mensagem central das Escrituras é clara a todos, e que seus pontos essenciais são suficientemente revelados, de forma que, pelo uso dos meios normais, qualquer pessoa, sob a iluminação do Espírito, pode ter conhecimento salvador dessa mensagem.

4. Reconhecem que as diferenças doutrinárias que porventura haja em seu meio são decorrentes não de erros ou contradições das Escrituras, mas da incapacidade humana decorrente do pecado e das limitações naturais para a plena compreensão da revelação perfeita de Deus.

5. Esforçam-se para continuamente rever pressupostos teológicos e características denominacionais à luz das Escrituras. Entretanto, não rejeitam o legado hermenêutico das gerações anteriores.

Esse sistema interpretativo para com a Bíblia tem sido chamado de gramático-histórico porque considera importante para seu entendimento tanto a pesquisa do sentido das palavras (*gramma*, em grego) quanto a compreensão das condições históricas em que foram registradas. Apesar de sua idade avançada e das críticas que tem recebido, ainda prefiro esse método de interpretação, por várias razões, que ofereço abaixo, comparando o método gramático-histórico a duas abordagens que costumam ser defendidas pelos liberais: a interpretação histórico-crítica (arrogantemente chamada de científica) e a alegórica ou mística.

Primeiro, mais que qualquer outro sistema hermenêutico, o método gramático-histórico *honra as Escrituras*. Baseia-se em um alto apreço pela Bíblia e seus atributos, como inspiração, autoridade, infalibilidade, coerência e suficiência. As escolas alegóricas de interpretação sempre consideraram, em alguma medida, irrelevante a historicidade das narrativas bíblicas, interessando-se pelo pretenso sentido oculto por trás delas. O método histórico-crítico, por sua vez, surgido ao final do século XVII já imbuído de pressuposições racionalistas, reduziu a Bíblia ao registro da fé de Israel e dos primeiros cristãos, negando sua inspiração e infalibilidade. Com seu relativismo, as novas hermenêuticas centradas no leitor não apenas retiram das Escrituras seu caráter autoritativo, mas transformam o leitor em autor, pois é ele quem determina o sentido. A hermenêutica do neomisticismo evangélico desonra as Escrituras, submetendo-as à autoridade dos espirituais e iluminados.

Segundo, o método gramático-histórico *mantém em equilíbrio a tensão entre oração e labuta no estudo da Bíblia*, adotando o binômio *orare et labutare*, lema hermenêutico de Calvino.[1] *Orare*, porque a Bíblia é divina, porque somos pecadores, porque Deus é muito diferente de nós. Pela oração buscamos a iluminação do Espírito. *Labutare*, porque a Bíblia, como literatura produzida por seres humanos num determinado contexto, numa outra cultura e numa outra época, é humana, e está distante de nós, o que gera a necessidade de estudo. Quando adotada pelo neopentecostalismo, a interpretação alegórica faz descuidar do *labutare* — tudo do que o intérprete precisa é ser homem de oração, jejuar e aguardar iluminação do Espírito —, tendendo a conclusões absurdas, cabalísticas e místicas. Já o método histórico-crítico tende a esquecer o *orare* — tudo do que o intérprete precisa é ser um especialista nas diversas críticas literárias —, culminando em um intelectualismo árido e seco. As novas hermenêuticas tendem a esquecer os dois lados. Por que orar e estudar se a interpretação resulta da fusão de horizontes entre o leitor e o texto e se o sentido é determinado inexoravelmente pelas estruturas da linguagem? Para que

[1] Veja o artigo de Paulo ANGLADA, "Orare et Labutare" em *Fides Reformata*, 2 jan, 1997.

tanto trabalho, se não há um único sentido, mas muitos e diferentes e todos igualmente válidos?

Terceiro, o método gramático-histórico *preserva a objetividade na interpretação*. Seus proponentes, mesmo admitindo que haja na Bíblia trechos de difícil compreensão, sempre afirmaram que sua mensagem central é clara. Assim, foram capazes de elaborar confissões, credos e teologias. O método gramático-histórico parte do princípio de que Deus se revelou proposicionalmente nas Escrituras e que essa revelação pode ser entendida, sintetizada e transmitida. Quando afirmo que Deus se revelou proposicionalmente, refiro-me ao fato de que nos fala através de declarações, sentenças, frases. Boa parte dos defensores do método histórico-crítico e das novas hermenêuticas argumentam que Deus não se revelou de forma proposicional, mas prioritariamente através de histórias, poesias, experiências. Para eles, como não existe um sistema doutrinário revelado na Bíblia, não se pode sintetizar os resultados da interpretação — logo, não pode haver teologia propriamente dita. Toda interpretação, dizem eles, é subjetiva, provisória, contextual e temporária. Não é possível afirmar que se sabe a verdade que a Bíblia ensina.

Por último, a escola gramático-histórica de interpretação *produziu grandes pregadores e grandes expositores bíblicos*, mais que as outras. Com seu método histórico-crítico, os liberais costumam produzir mais professores acadêmicos do que grandes pregadores. Já o método alegórico e as novas hermenêuticas produzem contadores de experiências, visto que não lhes interessa o conteúdo teológico, doutrinário e prático das Escrituras.

O método gramático-histórico tem gerado um grande número de reflexões e estudos na área da hermenêutica, como a obra do teólogo holandês Gerhardus Vos. Seu método histórico-redentivo não é propriamente um método interpretativo ou exegético, mas uma abordagem teológica às Escrituras, bastante em consonância com a teologia reformada. Sem dúvida, Vos se utiliza do método gramático-histórico, enfatizando a necessidade de reconhecermos que a história da redenção é o *mitte* (centro) das Escrituras.[2] Um sistema similar ao dele tem sido defendido mais recentemente por um estudioso alemão chamado Peter Stuhlmacher, sucessor de Ernest Käsemann em Tübingen, que batizou seu método como histórico-teológico.[3] Todos esses autores esclarecem que o método de interpretação histórico-crítico, próprio ao liberalismo teológico, não levou em consideração o caráter divino e sobrenatural das Escrituras, o que resultou num tratamento inapropriado, inconveniente e infrutífero da revelação divina, privando a Igreja da sua fonte de autoridade. É necessário um método que considere não somente o caráter humano da Bíblia como também seu caráter divino, ou seja, o fato de que foi divinamente inspirada.

Em conclusão, eu diria que o uso coerente do método gramático-histórico pode ser crucial para uma reforma no protestantismo brasileiro, como foi na igreja do século XVI. Os reformadores utilizaram como ferramenta principal uma nova postura para com a Bíblia e sua interpretação, rompendo laços com os métodos alegóricos medievais. Foi esta atitude para com a Bíblia que consolidou a Reforma. Acredito que a crise de identidade que vive o evangelicalismo brasileiro hoje origina-se sobretudo da falta de consistência e coerência no emprego do método de interpretação que sempre acompanhou o cristianismo histórico.

[2] *Biblical Theology*, Edinburgh: Banner of Truth, 1948.

[3] *Historical Criticism and Theological Interpretation of Scripture: Toward a Hermeneutics of Consent*, Philadelphia: Fortress, 1977. Veja ainda Ênio Müller, *O método histórico-crítico: uma avaliação*, em Gordon Fee & Douglas Stuart, *Entendes o que lês?*, 4ª ed. São Paulo: Vida Nova, 1997, p. 237-318.

capítulo sete

É claro que há mitos na Bíblia!

Os liberais sempre estiveram certos ao dizer que há mitos na Bíblia, muito embora não da maneira como empregam esse termo. Mitos eram abundantes no mundo religioso do Antigo Oriente em torno de Israel, bem como nas religiões à época da igreja apostólica do primeiro século. Por conseguinte, os escritores bíblicos registraram vários deles em suas obras.

No Antigo Testamento encontramos bom número desses mitos. Há a crença dos cananeus em deuses chamados Astarote, Renfã, Dagom, Adrameleque, Nibaz, Asima, Nergal, Tartaque, Milcom e Baal. Sobre esse último, há o mito de que podia responder com fogo ao ser invocado por seus sacerdotes. Há também o mito egípcio de que o Nilo, o sol, e o próprio Faraó, eram divinos, o mito filisteu do deus-peixe Dagom e de que o Deus de Israel precisava de uma oferta de hemorroidas e ratos de ouro para ser apaziguado. Para não falar do mito cananeu da rainha dos céus, que exigia incenso e libações (bolos) dos adoradores (Jr 44:17-25). Um outro mito presente na Bíblia é que o sol, a lua e as estrelas eram deuses, crença que sempre foi popular entre os judeus e radicalmente combatida pelos profetas (2Rs 23:5,11; Ez 8:16). O mito pagão de monstros e serpentes marinhas é mencionado em Jó, Salmos e Isaías, em contextos de luta contra o Deus de Israel, em que tais monstros representam os poderes do mal, os povos inimigos de Israel (Jó 26:10-13, Sl 74:13-17, Is 27:1). A lista é enorme. Há muitos mitos desse tipo espalhados pelos livros do Antigo Testamento.

Os profetas, apóstolos e autores bíblicos se esforçaram por mostrar ao povo de Deus que os mitos eram conceitos humanos. Esforçaram--se por chamar esse povo a se submeter à revelação do Deus que se manifestou poderosa e sobrenaturalmente na história humana. Sempre souberam a diferença entre os mitos e os atos salvadores de Deus na história. Por conseguinte, sempre estiveram empenhados em separar mitologia de história real e invenções humanas da revelação divina. Foram os pioneiros da demitologização. Elias demitologizou Baal no alto do Carmelo. Moisés também demitologizou o Nilo, o sol e o próprio Faraó, provando pelas pragas que caíram sobre eles que aquelas divindades não passavam de mito. E quando queimou o bezerro de ouro e o reduziu a cinzas, demitologizou a ideia de que foi o bovino dourado quem tirou o povo de Israel do Egito. O próprio Deus se encarregou de demitologizar Dagom, deus-peixe dos filisteus, quando a imagem de Dagom caiu de bruços diante da Arca do Senhor e teve a cabeça cortada (1Sm 5.2-7).

No Novo Testamento, o apóstolo Paulo se refere por quatro vezes aos *mythoi* ("mitos" em grego). De acordo com o apóstolo, mitos são histórias profanas inventadas por velhas caducas (1Tm 4:7), que promovem controvérsias em vez da edificação do povo de Deus na fé (1Tm 1:4). Entre os próprios judeus havia muitas dessas fábulas, histórias fantasiosas (Tt 1:14). E, já que as pessoas preferem os mitos à verdade (2Tm 4:4), Timóteo e Tito, a quem Paulo escreveu essas passagens, deveriam adverti-las contra os mitos. A advertência era necessária, pois os cristãos das igrejas sob a responsabilidade deles vinham de uma cultura permeada por mitos.

O próprio Paulo se deparou várias vezes com esses mitos. Uma delas foi em Listra, quando a multidão o confundiu, a ele e a Silas, com os deuses do Olimpo, propondo-se a sacrificar-lhes (At 14:11). Outra foi em Éfeso, quando teve de enfrentar o mito local de que uma estátua da deusa Diana havia caído do céu, da parte de Júpiter, o chefe dos deuses (At 19:35). Em todas essas ocasiões, o apóstolo procurou afastar as pessoas dos mitos e trazê-las para a fé na ressurreição de Jesus Cristo. Quando escreveu aos romanos, um povo imerso em mitos religiosos, descreveu no capítulo primeiro de sua carta a origem das religiões humanas: criações oriundas da recusa do homem em aceitar a verdade de Deus. Ao rejeitar a revelação divina, os homens inventaram para si deuses e histórias sobre esses deuses, que são os mitos das religiões pagãs (Rm 1:17-32).

O apóstolo Pedro também estava perfeitamente consciente do que era mito. Quando escreve a seus leitores acerca da transfiguração e da ressurreição de Jesus Cristo, faz uma cuidadosa distinção entre esses fatos que ele testificou pessoalmente e os *mythoi*, "fábulas engenhosamente inventadas" (2Pe 1:16). Ele sabia que a história da ressurreição poderia ser confundida com um mito, algo inventado por ele mesmo ou pelos demais discípulos de Jesus. Esse argumento permanece de pé, ainda que alguns hoje ainda neguem que Pedro seja o autor dessa carta. Ao que parece, Paulo e Pedro, juntamente com os profetas e autores do Antigo Testamento, estavam perfeitamente conscientes da diferença entre uma história real e outra inventada.

Declarar que os próprios autores bíblicos criaram mitos significa dizer que eles sabiam que estavam mentindo e enganando o povo com contos espertamente inventados. No entanto, seus escritos evidenciam que eles estavam conscientes da diferença entre uma história inventada e fatos reais. Através da história, os cristãos têm considerado o mito como algo a ser suplantado pela fé na revelação bíblica, que registra os poderosos atos de Deus na história. Equiparar as narrativas bíblicas aos mitos pagãos é validar a mentira e a falsidade em nome de Deus. É adotar uma mentalidade pagã e não cristã.

Existe, naturalmente, uma diferença entre o mito e os contos que aparecem na Bíblia. Há várias histórias ficcionais criadas pelos autores bíblicos. Contudo, nunca são apresentadas como fatos reais em que o povo de Deus deveria depositar sua fé, mas como linguagem figurada ou comparações visando ilustrar determinados pontos de fé. São as parábolas, os contos, como aquela história do espinheiro falante contada por Jotão (Jz 9:7). Há também a poesia, em que se diz que as estrelas cantam de júbilo, que Deus cavalga querubins e viaja nas asas do vento. Os salmos contém muito disso. Quando os neoliberais deixam de reconhecer a diferença entre mitos e gêneros literários que usam licença poética e linguagem figurada, fazem uma grande confusão.

Foi explicado que a atitude dos profetas, apóstolos e autores bíblicos em relação ao mito foi de *demitologização*. Sei que isso pode parecer anacrônico, pois foi somente no século passado que Rudolph Bultmann, autor do clássico *Jesus Cristo e mitologia*,[1] propôs seu famoso programa de demitologização da Bíblia. Acreditava que havia mitos na Bíblia criados por seus autores, e que era preciso separá-los da verdade. Mas, antes de Bultmann, os próprios profetas, apóstolos e autores bíblicos já haviam manifestado essa preocupação. É claro que eles e Bultmann tinham conceitos diferentes. Mas, se ao final o mito é uma história de caráter religioso desprovida de fundamentos na realidade e que se destina a transmitir um conceito religioso, ele não é, de forma alguma, uma preocupação exclusiva de teólogos modernos. Ou seja, o programa de demitologização começou muito antes de Bultmann, desde o momento em que a própria Bíblia promove a separação entre mito e os atos salvadores de Deus na história e nos convida a crer nesses últimos de todo o coração.

Os liberais do passado e os neoliberais de hoje defendem uma "leitura crítica" para investigar o que há de histórico e verossímil na Escritura, propondo que sejam submetidos ao crivo da leitura "científica" os pontos fundamentais da fé cristã, como o relato da criação, a existência de Adão e Eva, as profecias cristológicas do Antigo Testamento, o advento de Cristo, os seus milagres, os seus ensinamentos, a sua Paixão, a sua ressurreição, o nascimento da Igreja etc. Essa é a velha

[1] São Paulo: Novo Século, 2000.

proposta do liberalismo: rever totalmente o cristianismo e substituí-lo por uma religião que seja racional e científica. Os liberais tentaram fazer isso há trezentos anos. A religião resultante foi algo diferente do cristianismo. Seus seguidores, os neoliberais, ao seu próprio modo (mas sem a mesma competência), estão tentando o mesmo. E não chegarão a outro resultado senão a uma religião diferente daquela que a Igreja Cristã adota e segue há milênios.

capítulo oito

A inerrância da Bíblia

Nos capítulos anteriores tenho mencionado ocasionalmente a *inerrância da Bíblia*. Por ser um conceito muito mal compreendido e muito atacado, acredito que mereça um capítulo explicativo. Como sei que não tenho procuração de todos que acreditam na inerrância da Bíblia para falar por eles, vou falar apenas por mim.

Creio que a Bíblia foi escrita por autores sobrenaturalmente inspirados por Deus a ponto de ser verdadeira em tudo o que afirma, e isto não somente em matérias de fé e história da salvação. A Escritura é livre de erros, fraudes e enganos; não pode errar por ser em sua inteireza a revelação do Deus verdadeiro. É não apenas uma testemunha da revelação, nem se torna revelação num encontro existencial, mas permanece a inerrante Palavra de Deus independentemente da resposta humana.

Estou persuadido de que o sentido básico desse conceito não foi inventado pelo escolasticismo protestante pós-Reforma, nem pelos fundamentalistas históricos do início do século XX em reação ao liberalismo teológico. Sei que o termo "inerrante" só apareceu na Igreja a partir dessa última controvérsia. Contudo, para mim, é evidente que o conceito está presente na fé da Igreja desde seu início. Apesar disso, não acredito que abraçar a inerrância é essencial para a salvação. Sei que essa afirmação fará com que sobrancelhas reformadas se ergam. O que quero dizer é que a fé na inerrância da Bíblia não pode ser considerada parte da fé salvadora. Eu receio muito condicionar uma verdadeira confissão de Cristo à compreensão exata de todas as doutrinas da credenda reformada. Creio que a cabeça do cristão é arrumada ao longo da vida em muitos pontos. Muitos que hoje são reformados, conservadores, históricos etc. nem sempre o foram. Mas, já eram crentes, antes disso. Assim mesmo, preciso reafirmar que negar a inerrância da Escritura pode eventualmente trazer prejuízos para a vida espiritual, deixando a igreja vulnerável a males morais e espirituais.

Ao afirmar que a Bíblia é inerrante, não estou negando que erros de copistas se introduziram em seu longo processo de transmissão. A inerrância é um atributo somente dos autógrafos, ou seja, do texto como originalmente produzido pelos autores inspirados por Deus. Muito embora hoje não tenhamos mais os autógrafos, pela providência divina podemos recuperar seu conteúdo, preservado nas cópias, quase que totalmente, através da ajuda de ferramentas como a baixa crítica ou a manuscritologia bíblica. A ausência dos autógrafos não torna a inerrância bíblica irrelevante, como dizem os liberais. Se não temos os autógrafos para provar que são isentos de erros, eles também não os têm para provar o oposto. Lembro que o ônus da prova é deles.

Quando digo que a Bíblia é inerrante, não ignoro estudos recentes na área de linguagem que apontam para os ruídos inerentes na comunicação, como o desconstrucionismo. Tais dificuldades, contudo, não impedem que o Deus que nos fez à sua imagem e semelhança, e que criou a linguagem, possa usá-la como meio claro de sua revelação inerrante, a ponto de nem a cultura e nem a pecaminosidade humana distorcerem o que ele quis de fato nos dizer.

Também não estou dizendo que os autores bíblicos receberam conhecimento pleno e onisciente acerca do mundo quando escreveram. Não creio em inspiração mecânica ou em ditado divino que anulou a humanidade dos autores. Eles se expressaram nos termos e dentro do conhecimento disponível em sua época. Assim, descrevem que o sol nasce num lado do céu e se põe no outro, ou ainda mencionam que o sol parou no céu, no livro de Josué. Em Levítico, é dito que a lebre rumina e que o morcego é uma ave. Sabemos que pelas convenções técnicas atuais lebres não ruminam e morcegos não são aves. Os autores bíblicos, entretanto, expressaram-se em linguagem coloquial, fenomenológica, como observadores. E, do ponto de vista do observador, o sol de fato se move no céu. Na antiguidade, todos os animais que faziam movimentos com a boca após comer pareciam ruminantes e todos os que possuíam asas e voavam eram aves! Um jovem pastor me escreveu recentemente:

> No meu concílio examinatório para o ministério pastoral, quando afirmei crer na inerrância, um dos examinadores perguntou como eu conseguia crer na inerrância e afirmá-la se Josué escreveu que o sol parou e a ciência diz que é a terra que gira em torno dele. Respondi exatamente que a inspiração não é mecânica e nem anula a humanidade dos autores. Josué não estava interessado em dado científico moderno e sim no milagre de Deus.

Acho que esse jovem pastor deu a resposta correta. Pelo menos, foi aceita e ele foi consagrado ao ministério pastoral.

Sei também que não posso explicar todas as dificuldades da Bíblia em termos absolutamente satisfatórios. Por exemplo, a harmonia dos evangelhos continua sendo em parte um desafio para autores comprometidos com a inerrância bíblica, pois nem sempre se consegue achar uma explicação plena (ainda) para alguns dos problemas levantados pelas aparentes discrepâncias entre os evangelhos, ou entre Crônicas e Reis. Sei, no entanto, que não posso aceitar soluções que impliquem diminuição da autoridade das Escrituras, sugerindo contradições ou erros. Prefiro aguardar até que mais informações nos ajudem a achar soluções compatíveis com a natureza da Escritura e sua divina origem.

Outro dia participei de uma discussão quanto à posição de um teólogo inglês que se dizia reformado. Ele expressou o desejo de entrar para a comunhão de igrejas e cristãos reformados em que a subscrição à inerrância da Bíblia é requerida. No entanto, não podia subscrever a frase "a Bíblia é inerrante em tudo que afirma", justificando-se assim:

> Apesar de ser um cristão e estudioso ortodoxo e reformado, é impossível crer que as Escrituras do Antigo e do Novo Testamento não contêm erros de afirmação. Em minha opinião, é um fato inegável que as Escrituras contêm erros pequenos quanto a números, cronologia etc. — sem contar os que foram introduzidos durante a história da tradição das Escrituras.

Fiquei sem entender como alguém poderia ser deliberadamente ortodoxo e ao mesmo tempo admitir que existem erros na Bíblia, desde pequenos até alguns outros que acharam seu caminho para dentro do texto no processo de feitura das Escrituras.

Ao afirmar a inerrância da Bíblia, não estou ignorando que, com frequência, as teorias científicas sobre a história da terra têm sido usadas para desacreditar o relato bíblico da criação, do dilúvio e sua cosmovisão geocêntrica. Entendo, contudo, que não é correto avaliar a veracidade da Bíblia mediante padrões de verdade que são distintos do seu propósito, padrões esses baseados em conclusões provisórias, efêmeras e frequentemente desmentidas *a posteriori* por outros estudiosos e cientistas. A Bíblia não é um livro científico nos padrões modernos, e com frequência se refere aos fenômenos naturais na linguagem descritiva do observador, como já mencionei, que não é cientificamente analítica.

Por fim, estou consciente de que às vezes ocorre na Bíblia o que estudiosos modernos chamariam de erros de gramática, com base no que se conhece hoje do grego, hebraico e aramaico. Sei que autores bíblicos citam outras partes da Bíblia de maneira livre, que usam números arredondados e relatam os mesmos eventos de diferentes perspectivas, como no caso dos evangelhos. Nada disso, todavia, prejudica a inerrância da Bíblia, que permanece plenamente confiável em tudo que afirma, desde que a tomemos em seus próprios termos, sem impor-lhe a camisa de força da visão de mundo moderna, moldada por pressupostos secularizados e anticristãos.

A negação da inerrância da Bíblia é típica dos liberais, afetados por uma cosmovisão oriunda das filosofias e ideologias que emergiram do Iluminismo, trazidas ao Brasil por cursos de teologia oferecidos em instituições públicas de ensino ou denominações não mais comprometidas com os pontos da fé cristã histórica. Além disso, a negação da inerrância geralmente se acompanha de uma postura liberal quanto a casamento, divórcio, aborto, eutanásia, sexo antes do casamento, homossexualismo etc. Para não fazer generalizações injustas, devo deixar claro que há exceções.

Ao terminar este capítulo, perguntei a mim mesmo se não é teimosia continuar a acreditar na inerrância da Bíblia depois de ter listado tantas dificuldades e ressalvas. No entanto, quando penso em todas as dificuldades e ressalvas que os liberais têm de enfrentar para defender a validade e a relevância para hoje de uma Bíblia cheia de erros e contradições, não sendo mais que um mero registro humano da fé de Israel e dos primeiros cristãos eivado de mitos e fábulas, vejo que é mais coerente continuar crendo na inerrância. Aqui permaneço.

capítulo nove

A guerra entre a ciência e o cristianismo

Para muita gente, a relação entre o cristianismo e a ciência sempre foi conflituosa, uma história de guerras e tensões contínuas. Uma das razões para essa concepção é que geralmente se pensa que os dois campos estão em lados totalmente opostos e não intersectáveis. A religião trata da alma, do sobrenatural, do transcendente, de valores e conceitos acima da possibilidade padrão de verificação. A ciência, por sua vez, nada teria a ver com religião — ou quando muito, exerceria um papel de desmistificação, explicando através das leis naturais aquilo que os religiosos acreditam ser a mão de Deus na história, na natureza e na realidade humana.

De acordo com Nancy Pearcey,[1] outra explicação para essa visão beligerante entre religião e ciência se encontra naquelas obras cujo propósito foi desbancar o cristianismo e estabelecer o naturalismo como filosofia subjacente da ciência, como, por exemplo, *History of the Conflict between Religion and Science* [História do conflito entre religião e ciência], de John William Drapper (1811-1882), e *History of the Warfare of Science with Theology* [História da guerra entre a ciência e a teologia], de Andrew Dickson White (1832-1918). Segundo a tese de White, em toda a história moderna, a interferência da religião na

[1] O registro que a autora faz do início do conflito e de suas causas está em *A alma da ciência*, São Paulo: Cultura Cristã, 2005; veja também, da mesma autora, *Verdade absoluta*, São Paulo: CPAD, 2006.

ciência resultou nos males mais terríveis, tanto para a religião como para a ciência. Além disso, outros livros historiaram as grandes descobertas científicas abstraindo-as do contexto religioso dos cientistas, pesquisadores e filósofos responsáveis por elas, mesmo que, em quase todos os casos, tenham sido os pressupostos cristãos desses pensadores que os levaram a elaborar hipóteses e achar caminhos para o nascimento da moderna ciência. O liberalismo teológico, obviamente, adere à visão conflituosa e pugna pela separação entre fé cristã e labores acadêmicos.

Nancy Pearcey também nos informa nesse ponto que atualmente uma nova perspectiva surge na academia, estimulada, em primeiro lugar, pela redescoberta do papel decisivo que a Europa cristianizada ocupou nos primórdios da ciência moderna. Em segundo lugar, recentes historiadores da ciência têm demandado que o relato das grandes descobertas científicas seja feito levando-se em conta o papel e a contribuição das convicções religiosas dos pesquisadores e cientistas para tais descobertas, especialmente aquelas que lançaram os fundamentos da moderna ciência. Defendem uma abordagem holística da história da ciência.

As mudanças apontadas fortalecem a convicção de que a história da relação entre o cristianismo e a ciência, longe de ter sido pautada por conflitos constantes, foi de cooperação. As obras recentes de cientistas e historiadores cristãos como Hooykaas, Russell, Kuyper, Pearcey, entre outros, mencionam fatos históricos que o demonstram, resumidos aqui para conforto dos leitores deste livro.[2]

Começo com a constatação de que várias culturas orientais da antiguidade — desde chineses até árabes, passando por egípcios e sumérios — sempre superaram em muito os ocidentais em termos de

[2] Hermann Hooykaas, *A religião e o desenvolvimento da ciência moderna*, Brasília: UnB, 1988; Nancy Pearcey, *A alma da ciência*, São Paulo: Cultura Cristã, 2005; Colin Russell, *Correntes cruzadas*: *Interações entre a ciência e a fé*, São Paulo: Hagnos, 2004; John Byl, *Deus e cosmos*, São Paulo: Publicações Evangélicas Selecionadas. 2004. Veja ainda Nancy Peacey, *Verdade absoluta*, São Paulo: CPAD, 2006.

conhecimento e tecnologia. Contudo, a ciência, como disciplina sistemática, nasceu no Ocidente, na Europa, à época dominada por uma visão cristianizada de mundo, em que pesem os abusos e erros da Igreja Romana.

O que há no cristianismo, de modo geral, que permitiu que isso acontecesse? Nem todos os cientistas e pesquisadores eram cristãos devotos, e nem sempre concordavam entre si. Vários deles acreditavam que a vida, a luz e o magnetismo não eram inerentes à matéria e à natureza, mas procediam de fora. Havia também disputa entre os próprios cristãos sobre como entender a ação de Deus no mundo: seria por meio das leis que ele próprio havia criado ou através de uma ação diária, contínua, de preservação e manutenção? Ou seja, discutia-se sobre a imanência ou a transcendência de Deus no mundo, embora todos concordassem que Deus de alguma forma estava presente e agindo na realidade que havia criado. Assim, apesar das divergências, a maioria desses pensadores operava com uma visão de mundo moldada de acordo com o conceito bíblico da criação e do governo de Deus na realidade natural e humana, o que acabou por fornecer à cultura ocidental diversos pressupostos fundamentais sobre o mundo natural. Menciono alguns:

1. *A natureza é real*. O mundo existe objetivamente, fora de nós. Muitas outras religiões consideram-no irreal, uma manifestação do divino ou manifestações do ser absoluto e infinito, o panteísmo e o idealismo. No hinduísmo, o mundo é *maya*, ilusão. Na visão cristã, além de real, a natureza é de grande valor. Ela é boa. Isso difere da visão do dualismo oriental entre matéria e espírito, que equiparava a matéria à desordem. "Viu Deus tudo quanto fizera, e eis que era muito bom" (Gn 1:31) é o veredicto do Criador sobre a natureza.

2. *A natureza não é Deus, mas uma criação dele*. As religiões orientais são panteístas ou animistas, vendo o mundo como habitação das divindades ou extensões delas. No cristianismo, Deus não é a alma do mundo, mas seu criador. Foi essa "desdeificação" (Hooykaas) da natureza que permitiu que fosse estudada e pesquisada, como precondição

essencial para a ciência. No panteísmo, o homem, a natureza e Deus fazem parte da mesma realidade, o que torna impossível ao homem transcender a natureza para analisá-la. A visão cristã da criação deu ao homem a coragem necessária para examinar a natureza sem medo de ofender os deuses.

3. *No mundo os acontecimentos ocorrem de maneira confiável e regular, pois foi criado de forma ordenada, coerente e unificada por um Deus de ordem*. O mundo é regido por leis naturais ordenadas e implantadas por Deus e não por forças misteriosas que escapam a nosso conhecimento. Portanto, suas manifestações são legítimas e compreensíveis. As irregularidades não devem ser consideradas anomalias dessas forças misteriosas, mas um desafio para uma pesquisa mais profunda e a descoberta de leis que possam explicá-las. O uso da matemática na ciência reflete a ideia de que o mundo é ordenado por leis que podem ser expressas em fórmulas. De fato, a convicção fundamental da ciência é que o mundo é ordenado — dádiva da visão cristã de que o mundo foi criado por um único Deus e não por vários deuses ambíguos, contraditórios, incoerentes e caprichosos, a partir da matéria caótica, como acreditavam algumas religiões orientais.

4. *O homem foi dotado de inteligência, como ser criado à imagem e semelhança de Deus, e portanto pode interpretar as leis do universo*. De acordo com o grande estudioso da cultura chinesa Joseph Needham, a cultura chinesa não desenvolveu a ciência moderna porque os chineses não creem numa ordem inteligível no universo e nem na capacidade da mente humana para decodificar essa ordem, caso existisse.[3] Da perspectiva cristã, todavia, o homem foi criado para a glória de Deus, recebendo a missão de conhecê-lo mais e mais pelo conhecimento de sua criação, bem como no propósito de dominar a criação e dela fazer uso em benefício de seu próximo.

Foram cientistas com tais convicções, no todo ou em parte, que lançaram as bases da moderna ciência. Rodney Stark, em seu livro *To the*

[3] *The Grand Titration: Science and Society in East and West*, London: Allen & Unwin, 1969.

Glory of God [Para a Glória de Deus] relaciona pelo menos 53 cientistas de renome, todos cristãos, cujas descobertas, teorias e experimentos serviram de fundamento para a ciência moderna.[4] Entre eles encontramos os astrônomos Kepler e Galileu, os químicos Paracelso e Van Helmont, os físicos Newton e Boyle e os biólogos Ray, Lineu e Culvier, para citar alguns. Não afirmo que foram cristãos no sentido evangélico, mas que, no mínimo, independentemente de sua relação pessoal com Cristo, operaram a partir de pressupostos cristãos que ainda prevaleciam na cultura de sua época.

Alguns perguntam se a culpa da "guerra" que se desenvolveu posteriormente não reside na própria igreja. A resposta pode ser um "sim" qualificado. Primeiro, não se deve responsabilizar a religiosidade dos acadêmicos cristãos, pois eles eram cientistas e não pastores. Segundo, sempre houve um bom número de acadêmicos cristãos defendendo a cosmovisão cristã em todas as épocas. Terceiro, a percepção do conflito não é unânime entre as várias linhas da igreja; o exemplo do fundamentalismo de McIntire, que se retirou da academia fazendo da ciência a inimiga maior do cristianismo, é um fenômeno isolado.

Acredito, portanto, que a razão maior para que a parceria entre cosmovisão cristã e verdadeira ciência cessasse foi a predominância inexorável da visão naturalista e materialista de mundo, após o Iluminismo. A separação entre a teologia e outras áreas do saber é fruto do Iluminismo e da filosofia kantiana. Contudo, desde o século XIX, Abraham Kuyper já vinha clamando na Europa pela abrangência da cosmovisão cristã, incluindo todas as áreas de nossa existência.[5] Seguiram-se outros filósofos como Dooyeweerd e Van Til, mas com poucos que os escutassem.

Infelizmente, a fé cristã foi mais e mais empurrada para fora da academia, que apesar disso continua a operar com o capital acumulado

[4] Princeton: Princeton University Press, 2003.

[5] Veja as palestras de Kuyper sobre a visão abrangente do calvinismo em *Calvinismo*, São Paulo: Cultura Cristã, 2002.

pelo cristianismo, a começar com aquele que é o pressuposto central da ciência, a existência objetiva de um mundo ordenado por leis regulares e universais. A pergunta é: por mais quanto tempo esse pressuposto continuará a manter a ciência?

capítulo dez

A incredulidade no púlpito

Iniciei meu ministério plantando uma igreja entre pescadores numa zona pobre da cidade de Olinda. Visitei ruas e casas, batendo de porta em porta e evangelizando quem me recebia. Depois, fui plantar uma igreja no interior de Pernambuco, entre os lavradores de cana da usina Cucaú, na cidade de Gameleira. Andei pelas ruas e visitei praticamente todas as casas da cidade, pregando o evangelho, orando com as pessoas. Depois, fui plantar uma igreja (acabou virando duas) entre os drogados da cidade de Olinda. Quando estava estudando na África de Sul, visitava e evangelizava famílias indianas, além de africanos que eram trabalhadores braçais da construção civil perto de minha casa. Nos Estados Unidos, durante os estudos de doutorado, evangelizei durante um ano uma comunidade de imigrantes de Costa Rica.

Esse impulso para pregar o evangelho puro e simples a todos em meu caminho foi resultado da minha confiança em Jesus Cristo como meu único e suficiente Salvador. Hoje, servindo a Cristo em outras áreas do reino que não a plantação de igrejas, conservo pela graça de Deus a mesma fé que marcou o início da minha vida cristã.

Crer naquilo que a Bíblia diz é um dom salvador de Deus. Aptidão para falar em público não é necessariamente parte desse dom salvador. Da mesma forma, crer em Jesus Cristo como o Filho de Deus encarnado é exclusiva obra salvadora da graça, enquanto o vigor para administrar uma igreja, não. Receber os relatos bíblicos em fé e viver por eles é resultado somente da operação salvadora do Espírito de Deus no coração. Capacidade para liderar um culto e dirigir uma liturgia, não. Fé nos relatos bíblicos de milagres é graça especial aos eleitos. Poder intelectual e acuidade mental não são obrigatoriamente resultantes dessa graça especial.

É por isso que existem pastores e professores de teologia que são incrédulos. Para ser pastor e professor de teologia não é preciso fé. Tive um professor de teologia no mestrado que me confessou ter sido um agnóstico durante toda sua vida. Creu aos 65 anos de idade, durante uma enfermidade. Sua vida mudou. O famoso William Barclay, teólogo inglês autor de um comentário muito popular em todos os livros do Novo Testamento, ao fim da vida confessou abertamente que nunca creu de fato nas doutrinas básicas do cristianismo.[1]

Pastores e professores de teologia que não têm fé precisam ter outra coisa: habilidade para separar mentalmente o que ensinam domingo na igreja do que de fato acreditam, quando estão a sós com seus livros. Sem essa habilidade, até o que têm lhes será tirado. Pois se ensinarem na igreja o que de fato acreditam, dificilmente manterão o emprego. Que igreja deseja ouvir um pastor que não crê nas Escrituras? As que quiseram fecharam ou estão morrendo. As igrejas da Europa que o digam.

Pastores incrédulos talvez encontrem conforto em Kant para viver essa esquizofrenia. Em seu artigo "Resposta à pergunta: O que é Iluminismo?", Kant propõe a separação entre o que se acredita em público e o que se crê em particular. No artigo, o pastorado é apresentado como um emprego (algo perfeitamente compreensível, visto que na Alemanha de sua época praticamente todos os pastores eram empregados do estado) em que a prática tem que ser a de repetir os mantras oficiais da empresa.[2] Contudo, o pastor pode, e deve, expressar as suas opiniões

[1] As declarações de Barclay estão em *A Spiritual Autobiography*, Grand Rapids: Publishing Company, 1977. Aqui ele nega claramente a divindade de Cristo e afirma sua crença na salvação final de todos os seres humanos, p. 65-67.

[2] Esse artigo de Kant foi publicado em 1784. *O que é Iluminismo*, vol. 2. Revista UnB, Brasília, p. 49-53, out. 1982.

em particular (mesmo sendo contrárias às da sua denominação), na tentativa de mudar o pensamento da denominação por meio de diálogo com outros pastores e líderes. É o que vemos hoje nas igrejas evangélicas históricas. Aos domingos, sermões bíblicos, confessionais e conservadores. Durante a semana, nas conversas, na sala de aula do seminário, nos congressos, declarações incompatíveis com as crenças das denominações, muitas vezes até com o questionamento das bases fundamentais do cristianismo histórico.

A separação entre púlpito e cátedra é claramente perceptível no fato de que muitos pastores sem fé deixam de trazer dominicalmente para os púlpitos aquilo em que acreditam durante a semana, com algumas prováveis exceções. Comentando o tema, Gerhard Maier, conhecido teólogo alemão, oferece as seguintes razões para essa falta de coerência. Em primeiro lugar, a facilidade com que os membros das igrejas e seus pastores que não são incrédulos rechaçariam as suas teorias, caso se ousasse pregá-las do púlpito: "Na minha Bíblia é diferente". Isto faz que pastores neoliberais raramente adotem uma pregação clara e conspícua, que expresse aquilo em que realmente acreditam, limitando-se a sermões e estudos gerais que sempre podem ser interpretados de maneira ambígua. Em segundo lugar, os teólogos críticos não têm uma base ou plataforma comum sobre a qual lançar um novo movimento, visto que estão profundamente divididos quanto aos resultados de suas investigações.[3]

Pelos motivos acima, os pastores incrédulos geralmente se abstêm de expor suas ideias. O conteúdo acadêmico do que creem quase nunca ganha os púlpitos onde pregam aos domingos. Bultmann, que havia declarado abertamente numa série de palestras acadêmicas que considerava o nascimento virginal de Jesus e a encarnação como lendas (Marburg Lectures), costumava pregar sermões natalinos nessa época, e até chegou a enviar cópia de um deles para Karl Barth, em certa

[3] Veja toda essa argumentação e outras na obra marcante de Gerhard Maier, *The End of the Historical: Critical Method*, Oregon: Wipf & Stock, 2001.

ocasião, com visível satisfação![4] Pastores que seguem o método histórico-crítico não hesitam em usar passagens da Bíblia, como os ditos "Eu sou" de Jesus, na celebração do batismo e outros eventos, mesmo que intimamente duvidem que Jesus os tenha pronunciado.

Por não ter fé, o pastor incrédulo tem que direcionar seu ministério e seu culto para áreas onde sua incredulidade passe mais despercebida. Daí, a liturgia formalista, o ritual litúrgico elaborado, as recitações, as fórmulas, os paramentos, as cores, os símbolos, tudo voltado para ocupar os sentidos de maneira que a fé não faça falta. A mensagem deve evitar temas difíceis. O foco é em pontos morais, sociais e políticos. Não estou afirmando que toda igreja com liturgia formalista seja necessariamente liderada por um pastor sem fé; apenas que é mais fácil disfarçar a incredulidade em cultos assim.

Tive amigos que eram membros de uma igreja cujo pastor eu desconfiava que fosse incrédulo. Perguntando-lhes como eram as pregações, descobri que o problema não era o que o pastor dizia, mas o que ele deixava de dizer, os temas que ele evitava, os assuntos que nunca mencionava, como a ressurreição de Cristo, a infalibilidade das Escrituras, a veracidade e confiabilidade da narrativa bíblica, o poder do Espírito para regenerar a natureza humana pecaminosa, a morte vicária de Cristo, a realidade da tentação e da luta cristã. Havia aprendido a sobreviver dessa maneira, evitando matérias de fé e pregando aquilo que um rabino, mestre espírita ou líder muçulmano também pregaria: a honestidade, o amor ao próximo, o voto pelo desarmamento.

Um de meus filhos leu o rascunho deste capítulo e logo me perguntou: "Papai, por que alguém gostaria de ser pastor se não tem fé? Não tem uma maneira mais fácil de ganhar dinheiro?". Pois é, pior é que não tem. Dentro da igreja, tais pastores são vistos como intelectuais respeitáveis por questionarem "cientificamente" algumas doutrinas, mas o que seriam fora dela? Nada. Apenas mais alguns incrédulos no mundo.

[4] Op. cit. p. 21-22.

Os conservadores são acusados de só passarem livros de autores conservadores para seus alunos no seminário. Não é verdade. Quem foi meu aluno no seminário, mestrado e doutorado leu mais livros de liberais do que de conservadores. Contudo, nunca passei essas leituras sem antes dar um ponto de referência para que os alunos fizessem um julgamento crítico. Transmitida de forma competente e sob capa de academicismo, a incredulidade tem um poder extraordinário para corromper a fé.

Penso ser um absurdo entregar um livro de, digamos, Bultmann a um aluno de primeiro ano, que presidia a união de adolescentes da sua igreja e chegou ao seminário com praticamente a bagagem da escola dominical. Sei de professores liberais que zombavam desses coitados e indicavam livros de liberais para arrancar-lhes a fé inocente. Meu irmão e colega de ministério, Mauro Meister, começou seu bacharelado em teologia em um seminário liberal e quase perdeu a fé. Escapou por um triz. Teve de ir para outro seminário, para estudar teologia e continuar crente (acho que ele realmente conseguiu...!).

Agora, pegue uma bibliografia de um curso de teologia de um professor neoliberal. Você só vai encontrar autores seculares, padres, teólogos da libertação e alemães protestantes liberais. Não se encontra ali um único livro de um conservador, nem para remédio. E, no fim, os fundamentalistas somos nós...

A situação está ficando feia, mesmo. O que falta em alguns pastores incrédulos é honestidade para assumir aquilo em que realmente acreditam — ou deixam de acreditar. Mesmo que eu discorde de Rubem Alves em muita coisa, não posso deixar de apreciar sua integridade quando voluntariamente largou o ministério pastoral da igreja presbiteriana por não acreditar mais naquilo que sua igreja adota. Seria muito bom para todo mundo se outros pastores incrédulos fizessem o mesmo.

capítulo onze

Espirituais, místicos e liberais

A espiritualidade, tema antigo da *praxis* católica, tornou-se ultimamente um assunto da agenda protestante. Quando ouvi pela primeira vez evangélicos propondo a espiritualidade, fiquei curioso, embora não muito interessado. A proposta passava pelos escritos e experiências dos místicos do período medieval e eu não cria (e ainda não creio) que podíamos aprender muito deles nessa área. No entanto, as justificativas apresentadas para a busca de uma comunhão maior com Deus pareciam ter algum fundamento. Criticava-se a superficialidade da piedade cristã moderna, o desinteresse atual da igreja por exercícios espirituais como meditação e contemplação, e a influência nefasta daquele tipo de teologia sistemática tradicional que faz uma abordagem mecanicista da realidade e não dedica espaço para a oração. Mas será que os padres místicos medievais podem servir de modelo para o avivamento espiritual tão necessário em nossos dias?

Mais tarde, ouvi a mesma proposta vinda de gente que defendia o diálogo com o catolicismo e a Igreja Ortodoxa via misticismo medieval, que funcionaria como uma espécie de ponte para esse diálogo. Depois soube que vários teólogos católicos modernos estão afinados no mesmo discurso. E quando finalmente ouvi liberais se dizendo místicos e espirituais, e defendendo a mesma ideia, fiquei de orelha em pé. Os liberais gostam de se apresentar como aqueles que buscam uma teoria e uma práxis contemporâneas, enquanto criticam os pobres reformados históricos que ainda vivem uma religião atrasada e medieval.

Por que liberais, que acreditam que a verdade evolui e muda, críticos ferozes de tudo o que é antigo na igreja, agora resolveram beber no misticismo da Idade Média?

Preciso esclarecer, de saída, que não estou afirmando que seja neoliberal qualquer defensor da espiritualidade medieval para hoje. Preciso também esclarecer que, a princípio, estou aberto para aprender com os cristãos do passado, ainda que sejam católicos romanos medievais. Também quero acreditar que os atuais proponentes evangélicos da espiritualidade estão examinando tudo e retendo apenas o que é bom. Não sei, contudo, como conseguirão separar a *mística* medieval da *teologia* medieval, eivada do mesmo catolicismo que foi denunciado pelos reformadores.

Não digo que não haja absolutamente nada a aprender com os místicos medievais. Gosto de pensar neles como possuidores de um interesse genuíno em uma comunhão mais profunda com Deus, desejando experimentar de maneira direta e pessoal o relacionamento com Cristo, ao mesmo tempo em que mantinham uma consciência clara da depravação de sua natureza pecaminosa e ansiavam por libertação. Identifico-me intensamente com eles nesses anseios.

Aqui é preciso observar que havia mais de uma linha no misticismo medieval. Uma delas, representada por Thomas a Kempis, tinha a cruz de Cristo como centro, e não necessariamente a busca da visão inefável e direta de Deus. Talvez essa ênfase fosse uma das coisas boas a ser aproveitadas. Contudo, a via moderna de Kempis foi alterada e purificada pelos reformadores. Por que voltar àquela época, depois que o bom vinho foi servido por último?

Porém, meu objetivo principal neste capítulo não é avaliar criticamente a espiritualidade dos monges, mas sim refletir sobre o interesse dos liberais no misticismo medieval. Algo não se encaixa. Normalmente, os neoliberais são críticos das fases antigas da história da Igreja e não se interessam muito por elas — a não ser que tenham encontrado no misticismo dos monges semelhanças com a espiritualidade em que acreditam.

A primeira dessas semelhanças pode ser o foco na experiência, a ausência da Bíblia e o consequente esvaziamento de conteúdo teológico. Sei que alguns místicos citavam a Bíblia, mas vai uma distância muito grande entre fazer isso e desenvolver uma espiritualidade que seja decorrente da teologia bíblica. A piedade ascética certamente não era moldada pelas Escrituras, a começar por práticas como os votos de abstinência, a autoflagelação, o isolamento social e uma vida dedicada à contemplação, para não falar na busca de Deus de forma direta. A mística medieval, com raras e notáveis exceções, é voltada para a experiência interior, para a busca do êxtase, do mistério, de uma comunhão com Deus que não tenha troca de conteúdos, em que o homem não fala teologicamente e Deus também não responde teologicamente. As mesmas ênfases se encontram nos herdeiros pós-modernos de F. Schleiermacher, o pai do liberalismo protestante. Para ele a religião consistia no senso interior de dependência de Deus, não na aderência a qualquer conteúdo doutrinário.[1] Na mesma linha, influenciado pelo místico Meister Eickhart, Paul Tillich afirma: "Se a oração é trazida ao nível de uma conversa entre dois seres, é blasfema e ridícula."[2] Os neoliberais, ao final, também concordam que o âmago da religião é a experiência individual direta com o inefável. E, assim, encontraram nos monges suas almas gêmeas.

Uma segunda semelhança aparente entre a espiritualidade medieval e a neoliberal é a teologia natural. O Deus que desejam encontrar em suas experiências é aquele de quem podem aprender pela natureza ou dentro de si mesmos. A contemplação meditativa e a comunhão mística com a natureza, seus rios, montanhas, florestas e vales (quem não lembra do "irmão sol" e da "irmã lua" de Francisco de Assis?) colabora para a mística medieval, que nesse ponto não somente é similar à religiosidade neoliberal, mas também à espiritualidade pagã.

1 *Hermenêutica: Arte e técnica da interpretação*, Petrópolis: Vozes, 1999; Hugh Mackintosh, *Teologia Moderna: De Schleiermacher a Bultmann*, Itapetininga: Novo Século, 2004.
2 Paul Tillich, *Systematic Theology*, vol. 1. Chicago:The University of Chicago Press, 1951, p.112.

Terceira, a abertura para novas revelações. Grande parte das experiências de famosos místicos medievais consistia em visões ou contemplações diretas de Deus. A freira beneditina Hildegard (1098-1179), por exemplo, teve visões de Deus desde os três anos, nas quais Deus teria lhe revelado sua própria natureza, também a do universo. Sua obra *Scivias*, um clássico do misticismo medieval, relata essas visões.[3] Já o famoso Inácio de Loyola, depois de ler o livro *Vida de Cristo* do monge místico Ludolfo da Saxônia (século XIV), experimentou visões místicas de Cristo e da Virgem Maria.[4] A própria Teresa de Ávila, carmelita, ícone da espiritualidade mística, narra em *Castelo interior ou moradas* como, em uma série de experiências místicas, Jesus veio a ela em pessoa, a partir das quais ela começou a amá-lo apaixonadamente.[5] Trabalhando como reformadora de sua ordem, Teresa teve seu valor na busca do cristianismo autêntico; todavia, suas visões e êxtases acabaram por se constituir em modelo da espiritualidade para muitos que minimizam a importância do conteúdo teológico, como os neoliberais. Neoliberais não têm visões, mas acreditam que a verdade sempre está evoluindo, que Deus está sempre revelando coisas novas à Igreja (o que é diferente de uma compreensão cada vez melhor da verdade). Em ambos os casos, místicos e neoliberais buscam a Deus sem a mediação das Escrituras.

A quarta semelhança pode ser o messianismo não conformista. Muitos místicos se isolaram em protesto contra a corrupção da igreja de sua época. Objetivavam reformá-la e livrá-la de suas corrupções. Inconformados, retiraram-se do convívio social em busca de maior comunhão com Deus. Seu misticismo se deve a essa vida de isolamento: dedicam-se à contemplação, fechados em seus mosteiros ou perdidos em cavernas e desertos. Os neoliberais também são messiânicos e se julgam comissionados a reformar por inteiro a igreja de seus dias, embora adotem a tática de permanecer dentro dela, em vez de sair.

[3] Hildegard de Bingen, *Scivias*, New York: Paulist Classics of Western Spirituality, 1990.
[4] Essa obra foi publicada pela primeira vez em Cologne, em 1474.
[5] São Paulo: Paulus, s.d.

Uma quinta semelhança é a crença última na salvação por obras. O misticismo medieval era ascético — algo bastante diferente da doutrina paulina da justificação pela fé somente. Sua busca da espiritualidade nascia da crença medieval de que o homem colaborava ativamente para sua salvação e ascensão a Deus. Os neoliberais, da mesma forma, acreditam que a salvação não será pela imputação da justiça de Cristo, mas pela evolução pessoal do homem.

A última semelhança é o ateísmo linguístico. Muitos místicos seguiram a ideia de Plotínio de que Deus está acima da razão e das palavras e que só pode ser conhecido quando alguém transcende esse mundo e se torna um com ele, numa união mística.[6] Não se pode falar nem escrever sobre Deus. De maneira incrivelmente semelhante, o neoliberalismo rejeita a proposicionalidade da revelação bíblica e insiste em que não se pode falar de Deus ou escrever sobre ele de forma significativa (é por isso que neoliberais acabam se tornando poetas, pois só lhes resta a poesia como forma de comunicação). Não que a poesia não seja uma forma de comunicação significativa; mas é a única que resta aos que rejeitam os demais gêneros literários que fazem proposições ou declarações sobre Deus. Uma linguagem que não pode tratar de Deus, ou o ateísmo linguístico, une as duas espiritualidades.

Não me admira que os neoliberais tenham tanto interesse nos monges. Afinal, são pássaros da mesma plumagem. Um amigo meu comentou recentemente numa mensagem eletrônica:

> Conversando certa vez com um pastor presbiteriano que segue a linha de espiritualidade medieval, pude perceber algumas coisas: (1) Ele tinha grandes dificuldades com o texto bíblico, dificuldades para crer nele como Palavra de Deus; (2) estava envolvido no que é chamado de diálogo

[6] O filósofo grego Plotínio (205-270) foi considerado o fundador do neoplatonismo. Sua obra principal, *Enneadas*, em 35 volumes, defendia a tese de que o Ser Absoluto transmitia poderes mediante seres intermediários e inferiores até chegar à matéria. Pela purificação de tudo o que é mundano e terreno, as pessoas podem chegar à comunhão mística perfeita com esse Ser Supremo.

> inter-religioso, o famoso discurso pluralista, chegando ao ponto de questionar a unicidade de Cristo e a singularidade do evangelho; (3) a única resposta para esse dilema intelectual, argumentava ele, era a mística medieval. Nesse caminho, ele não precisava do texto bíblico, da igreja, do Cristo, da fé, de nada.

De forma geral, os reformadores rejeitaram o misticismo medieval, muito embora citem em seus escritos as obras de alguns místicos. Calvino e Lutero nutriam profundas diferenças com relação aos conceitos dos místicos sobre Deus, o homem e a salvação.

Acredito que qualquer modelo de espiritualidade deve estar estribado no Novo Testamento. E nele não acho qualquer fundamento para viver, por exemplo, uma vida de contemplação. A espiritualidade bíblica é muito "mundana" — ou seja, coloca-nos como gente nesse mundo, onde temos de fazer a diferença como sal e luz. É claro que tiramos tempo, com o Senhor, para orar, meditar e estar com Deus, mas é só um tempo, não a vida toda. Há muito a ser feito.

É provável que o maior apelo que o misticismo medieval exerça sobre alguns é a oferta de elevação espiritual sem teologia, algo inexistente para mim. Como reformado calvinista, ainda tenho escrúpulos quanto a buscar modelos de espiritualidade em místicos ascetas medievais, cuja teologia estava impregnada de conceitos errôneos. Se eles oravam mais, jejuavam mais e contemplavam mais, não me impressiona. Como Calvino, digo que deveriam trabalhar mais para não viver às custas dos outros, contemplando, meditando e cantarolando.

Creio que o misticismo bíblico — união com Cristo realizada na sua morte, vivida pelo Espírito, celebrada na Ceia e vivenciada pelo uso dos meios de graça — continua sendo o padrão para os cristãos. O que falta em muitos é a disposição para vivê-lo.

capítulo doze

Fé e meio ambiente

A geração que nos sucede receberá um legado ameaçador, que são os graves problemas ambientais que afligem o nosso planeta. Muito embora devamos ser críticos em relação ao tom histérico, catastrófico e apocalíptico com que organizações ambientalistas costumam se pronunciar sobre o futuro do planeta e de seus habitantes, existe pouca dúvida de que a crise é, de fato, real. Poluição dos rios, dos mares e do ar, desmatamento, redução da camada de ozônio, extinção de espécies animais, aquecimento global — são apenas alguns dos itens na pauta de ambientalistas, governos e religiosos. Essas preocupações tocam diretamente a sobrevivência da raça humana num planeta cujas reservas estão sendo exauridas a passos largos.

Acredito que exista uma relação inseparável entre os conceitos de "cosmovisão" e "ecologia". O primeiro é uma maneira peculiar de entender nossa relação com Deus, com o próximo e com o mundo; e o segundo é o estudo das interações dos seres vivos entre si e com o meio ambiente. Em outras palavras, aquilo que acreditamos acerca de nós mesmos, de Deus e do mundo onde vivemos determinará nossas decisões quanto ao planeta.

O cristianismo tem promovido através dos séculos uma cosmovisão coerente e abrangente que tem interagido com a ciência e o progresso. Estudiosos têm reconhecido a necessidade de uma base religiosa para a ecologia, área profundamente condicionada pelas crenças sobre nossa natureza e nosso destino — isto é, pela religião.

É fato que encontramos entre os grandes poluidores do planeta alguns países que nasceram sob a égide do cristianismo. Tal constatação não invalida os ensinamentos bíblicos sobre o cuidado com a natureza. No máximo, sugerem que esses ensinamentos não permearam suficientemente a cultura e a mentalidade dessas sociedades. Ou ainda, que os referenciais cristãos, que num passado distante foram adotados por elas, são agora rejeitados ou distorcidos, no todo ou em parte, em nome de interesses econômicos.

As seguintes formulações subjacentes à fé cristã reformada podem servir de base para a formação de uma mentalidade ecológica cristã.

1. *O mundo foi criado por Deus.* "No princípio Deus criou os céus e a terra" (Gn 1:1). O mundo é obra de suas mãos, mesmo que não saibamos, em termos científicos, a maneira pela qual a sua Palavra trouxe todas as coisas à existência. A origem divina de tudo o que existe não significa que nosso planeta é uma extensão de Deus ou muito menos que mereça nossa adoração. Significa que merece nosso respeito e nosso cuidado, como o lar que Deus preparou para nós e os demais seres vivos. Significa também que Deus é o soberano Senhor da criação, como disse Davi, rei de Israel, muito tempo atrás: "Do Senhor é a terra e tudo o que nela existe, o mundo e os que nele vivem" (Sl 24:1).

2. *O mundo foi criado bom.* "E Deus viu tudo o que havia feito, e tudo havia ficado muito bom" (Gn 1:31a). "Muito bom" é o veredicto do Criador sobre a natureza, declarada boa tanto por seu valor intrínseco quanto por sua perfeita adequação às necessidades humanas. Isso difere da visão do antigo dualismo entre matéria e espírito, que equiparava a matéria à desordem. De acordo com essa visão, a matéria é má e pecaminosa. Perspectivas que apresentam uma visão negativa do mundo físico ou que o separam da sua origem transcendente dificilmente podem nos dar alguma esperança de achar soluções racionais e abrangentes para nossos problemas ambientais.

3. *O ser humano é único.* De acordo com o cristianismo, o ser humano foi criado por Deus juntamente com a natureza e os demais seres vivos.

Nesse sentido, é parte integrante dela. Todavia, foi feito de forma única, à imagem e semelhança de Deus, o que o distingue do restante da criação. A imagem de Deus implica, entre outras coisas, que o ser humano foi dotado de inteligência e, portanto, pode interpretar as leis do mundo e prover os meios de preservá-lo. Em algumas cosmovisões o ser humano, a natureza e Deus estão em níveis idênticos e fazem parte de uma mesma substância, o que torna impossível ao ser humano transcender a natureza para analisá-la, dominá-la e ajudá-la.

4. *O ser humano é mordomo da criação.* "O Senhor Deus colocou o homem no jardim do Éden para cuidar dele e cultivá-lo" (Gn 2:15). Deus o colocou no mundo como seu gerente e lhe deu alguns mandatos: cuidar da criação, de onde tiraria seu sustento, protegê-la e preservá-la, conhecê-la, estudá-la, para assim conhecer melhor a si mesmo e a Deus. O ser humano é o mordomo de Deus. Não é o soberano senhor, dono e déspota, mas o responsável diante de Deus pelo emprego correto dos recursos naturais, pelo seu próprio desenvolvimento de forma sustentável e pela preservação dos demais seres vivos.

5. *Vivemos num mundo afetado pelo pecado.* De acordo com a Bíblia, quando o ser humano colocado no jardim se revoltou contra o Criador, precipitou no caos a si mesmo e a criação pela qual era responsável. "Maldita é a terra por sua causa" (Gn 3:17) foi a sentença do Criador ao ser humano, agora sujeito à morte, a retornar ao pó de onde fora tirado. Tensões se estabeleceram entre Deus e o ser humano, entre o ser humano e seus semelhantes, e entre o ser humano e a natureza. A crise que vivemos hoje se deve a estas tensões:

- Separado espiritualmente de Deus, o ser humano perdeu a referência da sua existência e da relação criatura-Criador. Essa última perda, em especial, afetou profundamente a sua maneira de ver o mundo, que ele ora agride e exaure, ora venera e teme como a um deus.
- Vivendo em tensão emocional em relação a seus semelhantes, o indivíduo dedica-se a buscar seus próprios interesses, mesmo

que à custa do próximo. A exploração egoísta e desenfreada dos recursos naturais não leva em consideração seu provável esgotamento nas próximas gerações.

- Em tensão com a natureza, o ser humano a explora, agride e exaure, em nome do poder, do lucro e do progresso. O meio ambiente é para ele somente um bem de consumo.

Diante do exposto, entendemos que os problemas ambientais são primeiramente de origem moral e espiritual. Entendemos ainda que a solução passa pela transformação interior das pessoas, uma mudança de mentalidade com relação a Deus, ao próximo e à natureza. Em suma, é esse o apelo e o chamado do evangelho.

Uma abordagem ecológica que mantenha como referência os fundamentos expostos poderá escapar dos extremos de algumas perspectivas populares:

1. Uma visão mística, em que o ser humano não mais é entendido como mordomo de Deus encarregado de cuidar, desenvolver e usar a natureza com sabedoria. Ao contrário, é entendido como servo dela, com a obrigação de preservá-la, como se fosse sagrada e devesse ser adorada. Essa visão impede o uso inteligente e racional dos recursos naturais, a busca de soluções para os graves problemas humanos e o desenvolvimento do ser humano em geral.

2. Uma visão sentimentalista da natureza, que tem como ideal a vida rural. Por mais atraente que tal visão seja, não faz justiça à vocação e à responsabilidade do ser humano. O progresso do ser humano, conforme a Bíblia, é do jardim para cidade, e não necessariamente de volta para o campo. Da mesma forma, esse ideal impede que o ser humano explore com sabedoria e responsabilidade os abundantes recursos naturais à sua disposição e que podem promover progresso e bem-estar, sem a depredação da natureza.

3. Uma visão antropocêntrica, que coloca o ser humano no centro e recorre a soluções tecnológicas para a crise ecológica que, além de ca-

ríssimas, desprezam o meio ambiente. Essa visão tende a agravar a crise e a lançar o ser humano cegamente no caminho da autodestruição.

Cremos que a fé cristã reformada provê as premissas epistemológicas, morais, espirituais e éticas para que possamos lutar pelo meio ambiente e em prol do nosso planeta, promovendo a ecologia de forma coerente e integral.

capítulo treze

A religião dos liberais e esquerdistas

Em 1923, J. Gresham Machen publicou *Cristianismo e liberalismo*[1] em que mostrou claramente que o liberalismo teológico era uma religião — uma bem diferente do cristianismo. Apesar da denúncia, a religião dos liberais cresceu e permeou todas as áreas do mundo ocidental moderno cristão, particularmente a política. Uma obra recente que delineia a religião do liberalismo político e sua influência é *Godless: The Church of Liberalism* [Sem Deus: A igreja do liberalismo] de Ann Coulter.[2]

Ann Coulter é uma cristã que frequenta com alguma regularidade a Redeemer Church, do Tim Keller, pastor presbiteriano conhecido nosso nos Estados Unidos. Republicana, conservadora, Coulter é advogada, jornalista, colunista de diversos periódicos americanos e escritora de sucesso, com vários livros na lista de *best-sellers* do *The New York Times,* inclusive *Godless*. É uma crítica mordaz, ferrenha e destemida dos democratas-liberais esquerdistas americanos.

Seu livro *Godless* é voltado para o público americano e expõe a falácia e a incoerência dos principais pontos defendidos pelos liberais democratas americanos, naquilo que Coulter chama de "a igreja do liberalismo". Podemos ter alguma dificuldade em entender suas teses porque para a maioria dos brasileiros todos os americanos são apoiadores de Bush, direitistas e idiotas. Apesar da linguagem provocadora, ácida e debochada, Coulter é bastante bem informada, utilizando essas

[1] São Paulo: Os Puritanos, 2001.
[2] New York: Crown Forum, 2006.

informações com muita inteligência e uma ironia fina que arranca risadas frequentes dos leitores (os que concordam com ela, claro). Tudo isso é empregado de maneira eficaz para detonar a religião do liberalismo político e expor seus defensores.

Existe uma extraordinária semelhança entre a religião dos democratas-liberais esquerdistas de lá e aquela dos esquerdistas daqui do Brasil. E existe uma extraordinária concordância entre a esquerda política e o liberalismo teológico em questões como aborto, homossexualismo, evolucionismo, divórcio. Na verdade, esse complexo de ideias e valores que une as esquerdas teológica e política se constitui naquilo que Coulter e outros chamam da religião dos liberais. Também não preciso dizer que, apesar de generalizar, estou consciente de que há várias exceções — há quem seja de esquerda na política mas com posições conservadoras em pontos éticos, repudiando o liberalismo teológico. Mas, na minha observação, quem é teologicamente liberal quase sempre está alinhado com a esquerda política e defende os mesmos pontos.

Alguém me fez o seguinte comentário sobre esse assunto:

> Da intervenção estatal na economia aos "argumentos" abortistas, não consigo identificar uma, uma tese sequer defendida pela esquerda, que não esteja alinhada a valores anticristãos. Mesmo a tal "distribuição de renda" defendida por socialistas e social-democratas, visando (dizem eles) suprir as carências dos mais pobres, não passa de "terceirização do altruísmo". A influência que o esquerdismo tem sobre a igreja brasileira é assustadora. Coisa da hegemonia gramsciana e da preguiça mental e subserviência intelectual dos nossos líderes eclesiásticos e formadores de opinião do ambiente evangélico.

Outro que leu Coulter comentou:

> Vejo que ela identifica bem as premissas maiores do liberalismo norte-americano (esquerda norte-americana) como dogmas de uma religião que se mostra contrária a vários princípios que emanam da palavra de Deus.

Menciono aqui algumas das características dessa religião, lembrando que, no contexto americano, aqueles que Coulter chama de liberais equivalem mais ou menos aos esquerdistas no Brasil.

1. Os liberais-esquerdistas são contra a punição de malfeitores, estupradores, assassinos, assaltantes a mão armada e terroristas. Por não acreditarem no estado de queda e depravação moral e espiritual em que os homens vivem, defendem a possibilidade de reabilitação dos piores criminosos mediante a melhoria de sua autoestima, em programas de reabilitação administrados pelo estado e sessões com psicólogos profissionais. Opõem-se à prisão perpétua, à pena de morte e à construção de mais prisões e detenções. São a favor de indultos, de diminuição de pena, para que bandidos perigosos sejam devolvidos à sociedade, pretensamente se reintegrando e se tornando bons cidadãos. Esse poderia ser um dos mandamentos da religião do liberalismo: "Não punirás o malfeitor".

2. Criminosos costumam virar mártires da religião liberal-esquerdista. Nos Estados Unidos, assassinos seriais como Ted Bundy ganham fã-clube e seguidores, além de defensores entre homens e mulheres públicos. Recentemente, o estuprador e assassino Willie Horton ganhou notoriedade e milhares de defensores porque seus crimes foram considerados armação de brancos preconceituosos — Horton é afrodescendente. Na mídia mundial liberal, Saddam Hussein já começa a tomar os contornos de herói e mártir.

3. O ponto de honra da religião liberal-esquerdista é o aborto, equivalente a um sacramento. Liberais-esquerdistas fazem o seu principal cavalo de batalha do direito de a mulher abortar em qualquer período da gestação. Coulter afirma que isso acontece porque os liberais odeiam os seres humanos e querem destruir o maior número possível de fetos. Nessa mesma linha, segundo Coulter, defendem o casamento *gay* porque *gays* não se reproduzem.

4. Os templos da Igreja liberal-esquerdista são as escolas públicas e os sacerdotes são os professores. Os liberais conseguiram transformar a rede pública de ensino em templos onde sua religião secularista-

humanista-evolucionista é ensinada, onde o cristianismo é proibido, onde nossos filhos aprendem desde cedo que a sexualidade precoce é natural, que ser *gay* é normal, que é legal usar camisinha e aprovado o "liberou geral", tudo isto à custa dos impostos pagos inclusive por aqueles que não mandam filhos para as escolas públicas e nem aceitam as premissas da religião dos liberais. Aqui no Brasil, isso se estende à esfera governamental, com seus anúncios permissivos pagos com nossos impostos, bem como às universidades públicas.

5. Os liberais-esquerdistas são inimigos da ciência que considera as realidades de Deus. Se pudessem, queimariam todos os livros verdadeiramente científicos, assim como no passado houve queima de Bíblias. A religião liberal só aprecia a ciência quando aparenta contradizer o cristianismo histórico. Quando a ciência contradiz algum fundamento de sua religião, os liberais estão prontos a reagir, protestar, desautorizar e renegar o valor das pesquisas e conclusões. Fizeram isso quando pesquisas científicas por cientistas de Harvard, Cambridge e outras instituições de peso atacaram vários "dogmas": o da igualdade racial como produto da evolução, ao demonstrar que o QI é genético; o da igualdade sexual plena, ao informar que os homens são mais aptos para ciência e engenharia que as mulheres; o da aceitabilidade do comportamento *gay*, ao provar que o vírus da AIDS discrimina mesmo, atacando *gays* em 90% dos casos comprovados; o do valor menor da vida humana diante do meio ambiente, ao mostrar que o aquecimento global não é tão sério como os ambientalistas — geralmente liberais-esquerdistas — propagam; o da necessidade de extermínio de fetos, ao atestar a eficácia muito maior de células-tronco de adultos na cura de doenças graves. São apenas alguns exemplos.

6. A premissa fundamental da religião liberal é a teoria da evolução. Embora tenham decorrido 150 anos desde a publicação do clássico de Charles Darwin, *A origem das espécies*, os liberais continuam sem evidências fósseis da seleção natural e da evolução de uma espécie para outra mais adaptada. Quanto mais mergulhamos no conhecimento profundo do mundo e suas maravilhas, cada vez menos plausível

o evolucionismo se afigura, a ponto de cientistas ateus, que rejeitam a evolução, procurarem outras alternativas para a origem da vida (que tal incluir Deus entre as opções?). Apesar de tudo em contrário, o evolucionismo é dogma intocável e não passível de discussão nos templos liberais do ensino público. A única religião e a única fé que os liberais realmente desejam excluir das escolas e universidades é o cristianismo. A religião que continua a defender pela fé o evolucionismo é mantida, nutrida e ensinada aos nossos filhos, com o dinheiro de nossos impostos.

Posso não concordar com o estilo mordaz de Coulter e nem com algumas colocações bem mais radicais do que estou pronto a endossar, mas me impressiono com a clareza de sua percepção sobre o que está realmente em jogo. A igreja do liberalismo-esquerdista está no Brasil também, com seus templos, sacerdotes, dogmas e sacramentos. Em contraste com os Estados Unidos, cristãos históricos no Brasil ainda não são bem articulados e organizados e têm pouco acesso à mídia. E a mídia brasileira, à semelhança daquela nos Estados Unidos, em grande parte, tem sido encampada pela visão esquerdista de mundo.

Todavia, temos esperança de que, considerando as inconsistências internas do liberalismo, o crescente interesse pelo cristianismo histórico e os esforços pequenos, porém constantes, de alguns cristãos empenhados em mostrar o outro lado, dias melhores poderão chegar.

capítulo catorze

Dúvidas que tenho sobre os liberais

Os liberais gostam de se apresentar como desprovidos de qualquer certeza. Fiéis à incerteza, a qual consideram a essência da erudição, e convencidos de que a dúvida é a única postura intelectual e espiritual aceitável, olham com um misto de desprezo e piedade para os simplórios que manifestam firmeza no âmbito espiritual e teológico.

Concordo com os liberais que há muitos aspectos nesse âmbito que permanecem em aberto, sobre os quais só é possível tecer conjecturas. Eu mesmo tenho muitas dúvidas. Parte delas diz respeito às dúvidas dos liberais. Menciono algumas delas aqui.

Tenho dúvidas se os crentes do Antigo e do Novo Testamento viviam nessa atitude de constante dúvida, sem jamais descansar nas coisas relacionadas a Deus. Pelo que lemos, profetas e apóstolos afirmaram com plena convicção "Assim diz o Senhor" e estavam dispostos a morrer com essa declaração nos lábios. Semearam a certeza de que Deus havia falado e sua vontade havia sido manifestada, e que era tão clara que o povo podia obedecer-lhe.

Tenho dúvidas se os liberais sabem direito o que fazer com passagens da Bíblia em que se encontram testemunhos de convicção e fé. Assim como os profetas do Antigo Testamento, Paulo estava absolutamente certo de muitas coisas acerca de Deus. Sabia em quem tinha crido (2Tm 1:12), estava totalmente seguro de que sua mensagem era a mensagem definitiva da parte de Deus (Gl 1:8), sabia que ao morrer estaria com Jesus Cristo (Fp 1:21), para mencionar apenas uns exemplos que me ocorrem agora. João, por sua vez, escreveu seu evangelho e suas cartas para que os leitores soubessem que tinham a vida eterna aqueles que criam em Jesus Cristo (Jo 20:30-3; 1Jo 5:13). Já o escritor de Hebreus constantemente enfatiza a certeza dos cristãos (Hb 6:11; 10:22; 11:1).

Tenho dúvidas se os liberais, quando assumem a cátedra em uma instituição de ensino teológico, acalentam como objetivo uma humilde contribuição para a formação teológica de seus alunos. Tenho dúvidas se a sua primeira ocupação não é arrancar as certezas que porventura seus alunos crentes e ingênuos ainda tenham. Ao que parece, já que estão convencidos de que a certeza é fruto da ignorância, os liberais têm como alvo principal desconstruir a fé de seus pupilos, com o fim de torná-los eruditos, educados e acadêmicos, para que saiam das trevas da convicção para a luz das incertezas perpétuas. Não são poucos os relatos que conheço de crentes que, após ingressarem em certos seminários e em cursos de teologia, passaram a não acreditar mais em nada — ou a viver em constante estado de dúvida quanto aos pontos fundamentais do Cristianismo, e sem referências morais.

Tenho dúvidas se os liberais realmente acreditam em quaisquer das verdades ensinadas pelo cristianismo histórico. Uma vez instalados nas cátedras, começam explicando a seus alunos que a ciência já demonstrou que a criação do mundo, os milagres e a ressurreição relatados na Bíblia nunca de fato existiram da forma como narrados. Ensinam que a exegese científica já detectou que os relatos dos evangelhos refletem mais a fé das comunidades que os produziram do que a realidade dos fatos. Declaram ainda que as grandes doutrinas do cristianismo, como a Trindade e a divindade de Cristo, são resultado da influência da filosofia grega, particularmente a platônica, no pensamento dos grandes teólogos cristãos que elaboraram os credos que servem de base para a cristandade.

Também tenho dúvidas se, após todo esse trabalho de demolição dos fundamentos da fé e da certeza, os liberais tenham alguma coisa para oferecer a seus alunos a não ser as suas próprias dúvidas e vacilações.

Semeando a dúvida, fazem discípulos duas vezes mais cheios de dúvidas e incertezas do que eles.

Tenho dúvidas ainda quanto ao motivo pelo qual os liberais insistem em permanecer dentro das denominações evangélicas, além da sobrevivência financeira, é claro. Talvez seja somente a tradição protestante. Talvez se considerem cristãos porque fazem parte de instituições que historicamente estão ligadas ao movimento cristão. Eles mesmos não estão certos quanto ao que a Bíblia ensina sobre Jesus Cristo, mas para eles isso não é importante. O que importa é pertencer à comunidade que historicamente se associam ao nome dele.

Será por isso que os liberais são ecumênicos? Eles creem que o catolicismo romano, desde o período medieval até hoje, é uma expressão legítima do verdadeiro cristianismo. Talvez a reforma protestante, pela qual parecem pedir desculpas aos católicos por ter ocorrido, represente para eles um movimento dissidente motivado por questões políticas, econômicas e pessoais. Questiono-me se faz alguma diferença para os liberais o que os reformadores de fato acreditaram ou não. Para eles, católicos e protestantes estão unidos pela tradição e pela história, e as diferenças doutrinárias entre eles, como por exemplo a justificação pela fé, são resultado da ignorância e da arrogância daqueles que acham que podem alcançar a verdade com algum grau de certeza neste mundo. Isso faz sentido, já que os liberais consideram toda certeza como fruto de ignorância e arrogância, crendo que somente ignorantes e arrogantes professam confiantemente pontos doutrinários acerca de Deus, de Cristo e do mundo e resolvem brigar por eles. Para eles, esses pontos seriam os responsáveis pelas grandes divisões que existem no cristianismo.

Duvido da dúvida dos liberais. Acho que está mais para falsa humildade, travestida de postura acadêmica e científica. No final, os liberais têm um monte de certezas e convicções, a começar de que sua missão na vida é extirpar toda certeza do espírito de seus ouvintes e leitores. Duvido também que a dúvida deles um dia os conduza à verdade. Quem duvida em busca da verdade, quando a encontrar, deve por coerência duvidar se realmente a encontrou. A sua busca nunca terá fim.

Tenho dúvidas se na raiz dessa atitude de incerteza perene se encontra uma atitude científica ou a nossa velha e conhecida incredulidade. Os que realmente contribuíram para a construção do cristianismo foram os que estavam certos daquele em quem tinham crido. Os semeadores da dúvida nunca contribuíram de fato para o crescimento do reino de Deus, para a plantação de mais igrejas, para a abertura de novos campos missionários, para a conversão de pecadores e para a reforma da sociedade.

Duvido da integridade intelectual de quem adota a dúvida como método para encontrar a verdade quando antes já tem alguma certeza — inclusive da existência de Deus. Somente agnósticos podem usar esse método de forma coerente. Teólogos cristãos, especialmente reformados, que adotam essa postura são uma contradição em si mesmos.

Essas são minhas dúvidas quanto à eterna recusa dos liberais de afirmar algo com convicção. Não estou afirmando que podemos ter plena certeza de todas as coisas e que é possível ter uma explicação para tudo. Afirmar isso seria realmente arrogância e ignorância. Não estou negando que precisamos de uma mentalidade crítica, submetendo a análise todas as proposições e declarações na área da teologia. Por outro lado, há muito de que podemos ter certeza, se formos observar o testemunho seguro dos crentes do Antigo e do Novo Testamento.

Nem Tomé pode ser considerado o primeiro liberal, pois, tendo duvidado a princípio, afinal veio a crer na revelação de Jesus. A mente liberal, em contraste, é como uma boca aberta, que nunca se fecha sobre algo sólido para mastigar e alimentar-se. Afinal, a fé não é de todos.

capítulo quinze

Liberais levam cano dos católicos

Lembro-me de uma moça que durante dez anos foi noiva de um rapaz que eu conhecia. Todo mundo sabia que ela era apaixonada por ele. Todavia, os anos foram passando e o rapaz não dava sinais de que realmente pretendia se casar. Todo mundo achava estranho, menos ela, cega que estava de paixão. Chegaram a marcar a data do casamento por duas ou três vezes, mas, sempre na hora do "vamos ver", o rapaz acabava achando um motivo para adiar o casamento. E assim ele foi levando o relacionamento durante dez anos. Finalmente, deu-lhe um cano. Acabou o noivado definitivamente e saiu da cidade. Em conversa comigo, ele comentou: "Era ela que vivia insistindo nesse casamento, eu concordei com o noivado por causa da importunação, mas nunca lhe prometi nada".

Em julho de 2007 a Igreja Católica deu o cano nos liberais. Não vai ter casamento. *No, sir.* Pode tirar o cavalinho da chuva. "Somos a única igreja verdadeira, a única igreja genuinamente cristã, e os protestantes... bem, são comunidades cristãs, sem os sacramentos e sem o apostolado, igrejas incompletas, se é que podem ser chamadas de igreja". É esse, em resumo, o pronunciamento do papa Bento XVI quanto às igrejas protestantes.

Ratzinger está certo quanto a demarcar os limites. Foram os liberais que começaram esse namoro e são eles que vivem insistindo nesse casamento, ou, no mínimo, em manter esse namoro prolongado. A Igreja Católica, por sua vez, nunca prometeu nada. Embora promova suas comissões que tratam de assuntos inter-religiosos, nunca deu, de fato, um passo oficial na direção de reconhecer os protestantes como igrejas verdadeiramente cristãs. O mais perto que chegaram disso foi dizer que eram "irmãos separados", num arroubo politicamente correto do Concílio Vaticano II. A verdade é que a Igreja Católica sempre foi distante em seu interesse pelos protestantes. Às vezes declarava claramente que não queria nada, como Pio XI na encíclica *Mortalium Animos*.[1] Às vezes parecia se interessar mais, quando convidou observadores protestantes para o Vaticano II.

Essa ideia católica de ser a igreja verdadeira é muito antiga. Em 1302 o papa Bonifácio VIII afirmou: "Declaramos, dizemos e determinamos que cada criatura humana deve se submeter à autoridade do Pontífice de Roma para sua salvação". De lá até hoje a Igreja Católica nunca revogou declarações e dogmas similares, como, por exemplo, os pronunciamentos do Papa Pio IX em 1864. "Não há salvação fora da Igreja de Deus [a Católica]" e "A Igreja Católica é a única verdadeira religião".

Permanece em vigor o Cânone 9, da Sexta Sessão do Concílio de Trento (1545-1564), convocado após a Reforma, que condenou a doutrina da justificação pela fé somente:

> Se alguém diz que o pecador é justificado pela fé somente, significando que nada mais é requerido para cooperar a fim de obter a graça da justificação, e que não é de forma alguma necessário que ele seja preparado e disposto pela ação de sua própria vontade, que seja anátema.

A Igreja Católica nunca revogou essa declaração. Os protestantes são oficialmente anatematizados (malditos) pela Igreja Católica, pois insistem que o homem é justificado pela fé somente e que nada mais é requerido para sua salvação.

[1] Disponível no *site* da igreja católica, <http://www.vatican.va/holy_father/pius_xi/encyclicals/documents/hf_p-xi_enc_19280106_mortalium-animos_po.html>, acesso 3 mai. 2008.

Os reformados históricos e conservadores sempre souberam da verdadeira postura da Igreja Católica. E, por sua vez, também nunca reconheceram a Igreja Católica como sendo a Igreja cristã verdadeira. Para nós, a verdadeira Igreja de Cristo é invisível e não pode ser identificada exclusivamente com uma ou outra igreja visível, organizada e terrena. Cremos que uma igreja visível e organizada é mais representativa da verdadeira Igreja à medida que essas marcas são nela manifestadas: a pregação genuína da Palavra de Deus e a celebração correta dos sacramentos. Como, em nossa avaliação, essas marcas faltam na Igreja Católica, ela não é considerada parte da verdadeira Igreja nas grandes confissões reformadas, onde, por exemplo, o Papa é identificado como o anticristo.

São somente os liberais que sempre andaram às cegas, correndo atrás da Igreja Católica, como aquela mulher que quer casamento de todo jeito, sem ver que o suposto pretendente nunca deu de fato nenhum sinal de levá-la a sério. No fim, tinha que dar em cano mesmo. Vamos esperar que o pronunciamento de Ratzinger coloque um ponto final nas esperanças ecumênicas dos liberais.

A neo-ortodoxia
terceira parte

capítulo dezesseis

Barthianismo e neo-ortodoxia

Karl Barth (1886-1968) certamente repudiaria a ideia de um movimento que levasse seu nome. O genial pensador e pastor suíço, apesar de estar entre os maiores teólogos do seu século, jamais aceitaria isso. Mesmo assim, com o estrondoso sucesso de seu ministério como pregador, professor e escritor, foi inevitável que as suas ideias dessem origem a um movimento ligado ao seu nome.

Esse movimento teológico ficou mais conhecido como *neo-ortodoxia*. Há outros nomes ligados à neo-ortodoxia, como Emil Brunner e Richard Niebhur, mas nenhum deles supera o nome do professor de Basel.

Para que entendamos a razão pela qual o barthianismo veio a se chamar neo-ortodoxia, é preciso que lembremos o momento histórico em que surgiu.

Após a Reforma, durante os séculos XVII e XVIII, a igreja protestante foi largamente influenciada por ideias originadas do Iluminismo. O racionalismo desejava submeter tudo ao crivo da análise racional. Lentamente a razão humana começou a triunfar sobre a fé. O filósofo L. Feuerbach tentou transformar a teologia em antropologia, afirmando que tudo o que se diz sobre Deus, na verdade, é dito sobre o homem. Influenciou grandemente Karl Marx, Sigmund Freud, Rudolph Bultmann e Friedrich Schleiermacher. Esse último desvinculou a fé cristã da história e da teologia, reduzindo a experiência religiosa ao sentimento de dependência de Deus. Somente depois ficaria evidente que era impossível construir uma teologia sobre um terreno tão subjetivo, mas na época, e por mais de um século, Schleiermacher foi seguido por muitos e sua influência continua até hoje.

Foi a época em que surgiu o método histórico-crítico de interpretação da Bíblia, negando a inspiração divina de seus livros e tratando-a como mero registro humano, falível e contraditório, da fé de Israel e dos primeiros cristãos. A confiança na Bíblia foi tremendamente abalada.

Como vimos, esses desenvolvimentos dentro da Igreja e o movimento que surgiu associado a eles foi chamado de *liberalismo teológico*. O liberalismo tinha uma perspectiva elevada do homem e acalentava a esperança de que o reino de Deus poderia ser implantado neste mundo mediante os novos conhecimentos científicos e tecnológicos trazidos pelo Iluminismo. Com isso, o evangelho perdeu a sua exclusividade e força. A igreja começou a secularizar-se, particularmente na Europa.

Então veio a I Guerra Mundial. As esperanças do liberalismo teológico e do progresso humano em geral foram esmagadas. Perplexidade e confusão dominaram os cristãos da Europa. Surge a teologia da crise.

Foi nesse vácuo de referencial e autoridade que soou a voz de Karl Barth. Ele atacou o subjetivismo da religiosidade liberal, originada em Schleiermacher, porque se apoiava nas experiências e emoções humanas e não na verdade de Deus. Barth criticou a rendição da igreja à psicologia e exigiu que ela se curvasse somente diante da absoluta autoridade da Bíblia. Não poupou críticas virulentas contra os críticos da Bíblia, especialmente por terem destruído sua autoridade e sua relevância para as pessoas de sua época, privando a Igreja de uma mensagem autoritativa.

Barth proclamou a necessidade de se ouvir outra vez a voz de Deus na Escritura, Deus esse que nos fala hoje, de maneira soberana. Seu apelo foi para que deixassem Deus ser Deus e que a igreja retornasse às coisas divinas.

Barth se levantou contra tudo que era humano e que havia prevalecido dentro da igreja desde a Reforma, começando com a religiosidade subjetiva de Schleiermacher, passando pelas ideias dos críticos, dos humanistas, até os conceitos dos liberais de seus dias. Desejava que teólogos se ocupassem com as coisas divinas em vez de serem exclusivamente historiadores, arqueólogos, filósofos e cientistas da religião. Seus textos e mensagens vinham recheados de referências e exegese de textos bíblicos, citados como autoridade.

Barth pregava fervorosamente sobre justificação, pecado, graça, eleição, temas fundamentais do pensamento reformado. Não demorou para que sua reação contra o liberalismo e seu apelo de retorno à Bíblia fosse entendido por muitos, liberais e conservadores, como o ressurgimento da antiga ortodoxia cristã, reinterpretada e adaptada à nova realidade — uma *nova ortodoxia*, a neo-ortodoxia, enfim.

O impacto da neo-ortodoxia de Barth se fez sentir em todos os lugares. Muitos liberais foram obrigados a rever suas ideias e modificá-las. Muitos conservadores abraçaram a neo-ortodoxia, pois, por um lado, ganhavam respeitabilidade intelectual (por acreditarem na evolução e em alguns aspectos da crítica bíblica), e por outro, podiam continuar a usar a mesma linguagem dos evangélicos ortodoxos.

Contudo, como ficaria claro posteriormente, a neo-ortodoxia, na verdade, era uma tentativa de síntese entre a ortodoxia da igreja e o liberalismo teológico, e sem dúvida alguma, nessa síntese, o liberalismo perdeu sua força. Mas, não só ele — a ortodoxia também já não seria a mesma.

Em que pese a dívida histórica que a Igreja tem para com a neo-ortodoxia, por haver enfrentado e tentado deter o avanço do liberalismo em seus dias, essa dívida não pode ser teológica. Pois na verdade, em termos de conteúdo, o barthianismo tem pouca coisa em comum com a ortodoxia histórica da igreja.

Mas, sobre isso, leia o próximo capítulo.

capítulo dezessete

Neo-ortodoxia não ortodoxa

Quando trato do termo ortodoxia histórica, refiro-me às crenças clássicas do cristianismo histórico, inicialmente confessadas no credo apostólico e posteriormente desenvolvidas tanto na produção literária dos reformadores quanto nas grandes confissões reformadas. Delas, quero destacar a doutrina das Escrituras. Penso que é aqui que reside a maior diferença entre a neo-ortodoxia e a antiga ortodoxia.

O que confunde a muitos é o fato de que os neo-ortodoxos falam entusiasticamente da Bíblia, da Palavra de Deus, enfatizando que Deus nos fala hoje através das Escrituras e que devemos obedecer à sua voz. O que poderia ser mais ortodoxo? O problema, todavia, é que a neo-ortodoxia usa termos, expressões e linguagem ortodoxos, quando se refere à Bíblia, mas lhes atribui um sentido diferente. "A voz é de Jacó, porém as mãos são de Esaú" (Gn 27:22). Há pelo menos três pontos da doutrina da Escritura em que a neo-ortodoxia se afasta da ortodoxia. Sei que não é sempre possível falar da neo-ortodoxia como um movimento unificado e monolítico. Assim, neste capítulo tratarei do assunto de maneira genérica, tomando de vez em quando as ideias de Karl Barth como representativas.

1. *A neo-ortodoxia conservou a crítica destrutiva à Bíblia presente no liberalismo teológico.* O liberalismo, na época do surgimento da neo-ortodoxia, havia reduzido a Bíblia a um livro de religião comum, cheio de erros e contradições de toda sorte, no qual se encontrava apenas o registro da fé dos israelitas e da fé da igreja cristã

primitiva. Os neo-ortodoxos se levantaram contra a aridez e o ceticismo do liberalismo porque, ao final, ele não nos deixava mais ouvir a voz de Deus através da Bíblia. Para a neo-ortodoxia em geral, o erro dos liberais não foi empregar a crítica bíblica para mostrar que a Escritura está cheia de erros e contradições, mas de pensar que isso seria empecilho para que Deus nos falasse hoje: para eles, o maior de todos os milagres é exatamente que Deus nos fala através das palavras imperfeitas, erradas, imprecisas e equivocadas desse livro. A neo-ortodoxia, portanto, desejava manter a relevância da Bíblia sem descartar afirmações dos liberais como: o Pentateuco era uma edição malfeita de fontes escritas no período do exílio, o relato de Gênesis 1-3 era mítico, os evangelhos sinóticos continham erros, não havia nada de histórico no evangelho de João, que Paulo não escreveu a maioria das cartas com seu nome e assim por diante.

Aqui a neo-ortodoxia se afastou da ortodoxia, a qual, apesar de analisar a Bíblia como literatura, não negava sua autenticidade, integridade, historicidade e a veracidade de seus relatos. Enquanto para a ortodoxia a Bíblia é infalível, a neo-ortodoxia mantém a posição crítica do liberalismo, de que a Bíblia está cheia de erros e contradições. Além disso, a neo-ortodoxia leva mais adiante as afirmações do liberalismo ao declarar o paradoxo de que, apesar dos erros, Deus fala infalivelmente através desse livro às pessoas de hoje. É por manter a postura crítica do liberalismo com relação às Escrituras que neo-ortodoxos podem ser chamados de "novos liberais", ou, para facilitar, neoliberais.

2. *A neo-ortodoxia faz a separação entre Palavra de Deus e Escritura.* Na verdade, essa separação antecede a neo-ortodoxia, que a tomou emprestada de um dos apóstolos do liberalismo, J. Solomo Semler (1725-1791). Semler declarou o seguinte: "A raiz de todos os males (na teologia) é usar os termos 'Palavra de Deus' e 'Escritura' como se fossem idênticos".[1] Para Barth, por exemplo, a Bíblia é uma testemunha

[1] "Abhandlung von freier Untersuchung des Canon", em *Texte zur Kirchen- und Theologiegeschichte,* 68 Gütersloh: 1967, p. 52.

da Palavra de Deus, que é Jesus Cristo, e não deve ser confundida com essa Palavra. Todos conhecem o *slogan* neo-ortodoxo de que a Bíblia não é a Palavra de Deus, mas que *se torna* a Palavra de Deus quando este, soberanamente, usa-a para nos falar. Sem esse momento milagroso, é um livro qualquer (embora, para sermos honestos, Barth ao final de sua vida, estava mais disposto a admitir que, mesmo na estante, a Bíblia era a Palavra de Deus). Como testemunha da revelação ou da Palavra, a Bíblia não é infalível e muito menos inerrante, segundo os neo-ortodoxos, mas o registro humano da reação humana de fé à revelação de Deus, Cristo. Os autores bíblicos não foram inspirados conforme afirma a ortodoxia, ou seja, suas palavras não foram ditadas mecanicamente por Deus (alguns neo-ortodoxos gostam de caricaturar a doutrina reformada da inspiração plenária e transformá-la na teoria do ditado). Para os neo-ortodoxos, a inspiração reside naquele encontro contemporâneo entre o leitor e Cristo, a verdadeira Palavra de Deus, nas páginas da Bíblia. Portanto, a Bíblia não é inspirada, mas é instrumento para que essa inspiração aconteça.[2]

É claro que esse conceito, advindo do liberalismo do qual Barth nunca se livrou totalmente, não pode ser considerado ortodoxo. Na ortodoxia, a Bíblia é a Palavra de Deus, dada por inspiração divina, que consistiu na atuação soberana do Espírito de Deus em seus autores humanos, usando o seu conhecimento, a formação, o estilo, e de tal maneira orientando-os que o resultado final, em qualquer momento, pode com justiça ser chamado de a Palavra infalível e plenamente confiável de Deus.

3. *A neo-ortodoxia considera irrelevante para a fé a veracidade dos relatos bíblicos.* O caminho que a neo-ortodoxia seguiu para resgatar a

[2] Cf. as declarações de Barth: "A Bíblia... em si própria não é revelação mas apenas, e esta é a sua limitação, uma testemunha da revelação" *Church Dogmatics*, vol. 1, seção. 2. Edinbugh: T. & T. Clark, 1957, p. 492. Ou ainda: "Você não pode atribuir à própria Bíblia... a capacidade de nos revelar Deus de tal forma que pela sua presença ela nos dê uma fé sincera na Palavra de Deus contida nela", *ibid*, p. 501. E ainda: "A Bíblia *se torna* a palavra de Deus à medida que Deus a deixa ser sua palavra, à medida que Deus fala através dela", vol. 1, seção 1, p. 123.

fé cristã dos resultados destrutivos da crítica bíblica do liberalismo não foi enfrentá-los e mostrar as suas incoerências, e nem mesmo mostrar que eram viciados pelos pressupostos racionalistas. Os neo-ortodoxos aceitaram pacificamente que a Bíblia não fornece relatos verdadeiramente históricos, fatos ocorridos na história linear. Contudo, afirmaram que isso não tinha nenhuma relevância para a fé cristã, pois a fé independe da história. Para eles, o cristianismo permanece relevante independentemente da historicidade ou não da criação, da queda e da ressurreição. Como ilustração, menciono o comentário de Karl Barth ao versículo que diz "e que mediante o Espírito de santidade foi declarado Filho de Deus com poder, pela sua ressurreição dentre os mortos: Jesus Cristo, nosso Senhor" (Rm 1:4):

> Essa designação de Jesus [como Filho de Deus pela ressurreição dos mortos] é o seu verdadeiro significado e como tal não pode ser verificado historicamente. Jesus, como o Cristo, o Messias, é o final dos tempos. Ele só pode ser entendido como paradoxo, como vencedor, como pré-história... Do ponto de vista histórico, Cristo só pode ser entendido como problema, mito; ele traz o universo do Pai, do qual nada conhecemos, nem podemos vir a conhecer, através da história.[3]

Barth declara, assim, que a história não pode transmitir o mundo de Deus. Aqui encontramos a distinção feita pelos neo-ortodoxos entre *historie* (história, fatos brutos) e *heilsgeschichte* (história santa ou história salvífica). Essa distinção cria dois mundos distintos e não conectados, o mundo da história bruta, real, factível e o mundo da fé, da história da salvação. A criação, Adão, a queda, os milagres, a ressurreição, tudo isso pertence à *heilsgeschichte* e não à *historie*, a história real e bruta. Aos cristãos não interessa o que realmente aconteceu no túmulo de Jesus no primeiro dia da semana, mas sim a declaração de seus discípulos de que ele ressuscitou.

[3] *Carta aos Romanos,* São Paulo: Fonte Editorial, 2003, veja o comentário dele em Romanos 1:14.

Dessa forma, neo-ortodoxos tratam dos fatos principais da fé, mas em um significado bastante diferente da ortodoxia. Os neo-ortodoxos atacaram duramente a busca liberal pelo Jesus histórico, não porque acreditassem que esse Jesus já estava retratado nas páginas dos evangelhos, mas porque essa busca era irrelevante para a fé. Para eles, o que nos interessa não é o Jesus da história (qualquer que tenha sido), mas o Cristo da fé, que é o Cristo que encontramos nas páginas do Novo Testamento.

Não acho que perdi meu tempo ao criticar liberais em outros capítulos deste livro, mesmo que o liberalismo teológico clássico, como movimento, já tenha passado na Europa e nos Estados Unidos. Afinal, o velho liberalismo ressuscita na *historie*, transformado em neo-ortodoxia ou no neoliberalismo. Neo-ortodoxos identificam-se com orgulho como seguidores do afável e simpaticíssimo Karl Barth, cuja teologia consideram inteligente, reformada e certamente ortodoxa. Não há como duvidar de que é inteligente. Reformada... pode-se discutir. Mas, certamente, ortodoxa, não.

capítulo dezoito

A neo-ortodoxia e a ressurreição de Jesus

O objetivo desse capítulo é demonstrar que a visão neo-ortodoxa padrão da ressurreição de Jesus, embora aparente muitas similaridades com aquilo em que os ortodoxos acreditam, difere radicalmente da ortodoxia em pelo menos três pontos essenciais. A importância desse assunto reside no fato de que a ressurreição de Jesus sempre foi considerada uma das doutrinas centrais que estabelecem a linha divisória entre o cristianismo e outras religiões. Crer na ressurreição de Jesus Cristo é o fundamento do cristianismo. É a pedra sobre a qual se levanta o edifício da autêntica fé bíblica, pela qual se avalia a genuinidade de qualquer movimento ou ministério que se professe cristão.

É preciso salientar que muitos ortodoxos e neo-ortodoxos compartilham perspectivas sobre esse assunto. Ambos acreditam que o túmulo está permanentemente vazio. Ambos acreditam que o túmulo foi esvaziado por um ato sobrenatural de Deus. Também são concordantes quanto à crença na genuinidade das aparições de Jesus aos discípulos após a sua ressurreição. Num certo sentido, são essas crenças que separam alguns neo-ortodoxos dos antigos liberais e os aproxima um pouco mais dos conservadores.

As diferenças, todavia, são muito profundas e não devem ser ignoradas em nome das similaridades. Afinal, como já dissemos, a ressurreição é muito importante para que possamos deixar esse ponto sem análise. Vamos às diferenças.

1. *A identidade numérica do corpo de Jesus*. A primeira diferença diz respeito à identidade numérica do corpo de Jesus. Explico. Para os conservadores, o corpo com o qual Jesus ressuscitou era numericamente idêntico ao corpo com o qual ele viveu aqui nesse mundo. Era o mesmo corpo, agora glorificado pelo poder de Deus, e tendo, portanto, qualidades, poderes e virtudes distintos daquela primeira fase, como, por exemplo, a imortalidade. O Credo dos Apóstolos declara: "Creio na ressurreição *do corpo*". A Igreja Cristã sempre confessou sua crença na ressurreição física de Jesus. Encontramos esse conceito nos pais da Igreja — à exceção de Orígenes, que foi condenado por negar o fato —, na Igreja Católica do período medieval, nos reformadores e em todas as confissões históricas da Igreja Cristã. Em resumo, a crença de que o corpo da ressurreição era numericamente o mesmo corpo físico de carne e osso de Jesus durante o seu ministério terreno sempre foi reconhecida pelos cristãos de todas as épocas.

A neo-ortodoxia, todavia, provavelmente influenciada pela mentalidade gnóstica, tem a tendência de espiritualizar a ressurreição de Jesus. Tomemos alguns exemplos. Emil Brunner, um dos pais da neo-ortodoxia, declarou enfaticamente no seu *The Christian Doctrine of Creation and Redemption* [A doutrina cristã da criação e da redenção]:

> Ressurreição do corpo, sim; ressurreição da carne, não! A ressurreição do corpo não significa a identidade do corpo da ressurreição com o corpo de carne e ossos, apesar de já transformado; mas, a ressurreição do corpo significa a continuidade da personalidade individual desse lado e no outro lado, a morte.[1]

No entanto, a influência mais radical sobre a visão neo-ortodoxa da ressurreição vem de Rudolph Bultmann. Apesar de acreditar que existiu um Jesus da história, ele nega a historicidade da ressurreição,

[1] Dogmatics vol 2 Cambridge: Lutterworth Press, 1952, p. 372.

afirmando que "não é um evento da história passada... um fato histórico que envolva a ressurreição de mortos é totalmente inconcebível". Para Bultmann, "é impossível acreditar-se num evento mítico como a ressurreição de um cadáver, pois é isso o que a ressurreição significa". Portanto, escreveu em um artigo do livro *Kerygma and Myth* [Kerigma e mito]:

> Se o evento do domingo de Páscoa for em qualquer sentido um evento histórico adicional ao evento da Cruz, não é nada mais do que o surgimento da fé no Senhor ressurreto...[2]

Outro exemplo vem de Wolfhart Pannenberg, que muito embora não possa ser considerado neo-ortodoxo respira o mesmo ar que permeia o ambiente da neo-ortodoxia. Ele confessa em sua obra *Jesus — God and Man* [Jesus — Deus e homem] que Jesus ressuscitou de um túmulo vazio, mas nega que foi ressuscitado no mesmo corpo físico de carne e ossos. Na verdade, ele vê o corpo da ressurreição como puramente espiritual ou imaterial.[3]

Essa descontinuidade entre o corpo físico, de carne e ossos de Jesus, antes da ressurreição, e aquele corpo após a ressurreição, identifica a crença neo-ortodoxa e a separa radicalmente da fé do cristianismo histórico.

2. *A materialidade do corpo de Jesus.* A igreja cristã sempre acreditou e confessou que Jesus ressuscitou de entre os mortos fisicamente. O que saiu do túmulo vazio não foi um fantasma ou um corpo imaterial, mas um corpo tangível e palpável, que poderia ser tocado e sentido, material em todos os sentidos. Encontramos esse conceito nos escritos dos pais apostólicos, bem como em todas as confissões ortodoxas da igreja cristã. A importância da materialidade do corpo de Jesus reside no fato

[2] "New Testament and Mythology", em *Kerygma and Myth: A Theological Debate*, ed. by Hans-Werner Bartsch, London: S.P.C.K., 1972, p. 1-44.

[3] Philadelphia: Westminster Press, 1968, p. 101.

de que ele é o primogênito da ressurreição. Os cristãos sempre ansiaram pela ressurreição do corpo da qual Jesus Cristo é o primogênito. Se, todavia, Jesus não ressuscitou com um corpo real, físico, material, tangível, palpável, essa esperança é na verdade vã.

A neo-ortodoxia padrão, muito embora confessando a ressurreição, nega que, em qualquer sentido, represente a revivificação de um cadáver. Conforme vimos acima, representantes da neo-ortodoxia defendem um corpo espiritual e imaterial ou, como Bultmann, que a ressurreição é apenas a emergência da fé no coração dos discípulos.

3. *A historicidade da ressurreição.* É talvez aqui que a diferença entre a posição neo-ortodoxa e a do cristianismo histórico apareça com maior clareza. Já que para a neo-ortodoxia existem dois níveis de história, a *historie* e a *heilsgeschichte*, sendo essa última a "história da salvação", cujos eventos não se localizam na história desse mundo, torna-se fácil transpor a ressurreição de Jesus para a *heilsgeschichte*, o âmbito dos eventos salvadores não históricos e não verificáveis. Como para a neo-ortodoxia a historicidade dos eventos bíblicos e de suas narrativas não é realmente importante, ao fim das contas pouca diferença fará para a fé se Jesus ressuscitou de fato e de verdade na manhã daquele domingo de Páscoa.

É aqui que mencionamos outra vez o nome de *Karl Barth*. O velho liberalismo negava a historicidade da ressurreição de Jesus Cristo, jogando a narrativa bíblica no descrédito. Barth, todavia, através da sua teologia dialética, resgatou a doutrina da ressurreição. Contudo, mesmo diante de seu longo ministério como um todo, ainda permanecem dúvidas se ele acreditava que a ressurreição tenha sido um evento da história. No início da teologia da crise, em seu comentário de Romanos (1919), ele afirma: "a ressurreição toca a história como uma tangente toca um círculo, isto é, sem realmente tocá-lo".[4] Aqui Barth aparenta acreditar que a ressurreição de Jesus não pode ser

[4] Cf. *Carta aos Romanos*, na Introdução.

provada nem refutada por evidências históricas, pois, como ato de Deus, é histórica num sentido único. Não está claro o que Barth quis dizer com isso. Alguns defendem que ele mudou seu ponto de vista posteriormente, defendendo a corporeidade física da ressurreição de Jesus. Mas muitos ainda suspeitam que, para o teólogo suíço, não se pode falar da ressurreição como um fato histórico, mas somente como revelação.

O meu objetivo com este capítulo foi mostrar que alguns expoentes da neo-ortodoxia não receiam negar três aspectos da ressurreição de Jesus Cristo que os cristãos conservadores consideram da mais alta importância: a continuidade entre o corpo antes da ressurreição e o corpo após a ressurreição, a materialidade do corpo da ressurreição e a historicidade do evento. Não acredito que todos os que se consideram neo-ortodoxos pensem dessa forma. Todavia, acredito que é importante esclarecer que a negação desses aspectos da ressurreição de Jesus Cristo é característica da neo-ortodoxia. Que nesse ponto bem pode ser chamada de neoliberalismo.

Em conclusão, lembramos que o apóstolo Paulo em 1Coríntios 15 trata a ressurreição de Jesus como um evento ocorrido na história, e não na supra-história, evento esse testemunhado por várias pessoas, cuja historicidade é a base da fé cristã. É interessante sua afirmação de que, se não há ressurreição (entendida como um evento histórico), tudo, inclusive o *kerygma* — a proclamação da Igreja —, torna-se vão.

capítulo dezenove

Santidade bíblica e neo-ortodoxia

Não poderia deixar de trabalhar nesse livro a relação entre a santidade bíblica e a neo-ortodoxia. Acredito que uma das maiores vulnerabilidades da neo-ortodoxia é exatamente na área de santificação. Com isso não quero generalizar, afirmando que todo neo-ortodoxo inevitavelmente tem problemas sérios para viver uma vida santa. Apenas sugiro que os princípios operantes da neo-ortodoxia tendem a relegar a santificação a um papel secundário na vida cristã.

Começo recordando o que já foi dito sobre a neo-ortodoxia nos capítulos anteriores. Foi uma tentativa de síntese entre a ortodoxia da igreja e o liberalismo teológico no século passado, síntese em que não somente o liberalismo perdeu sua força, como também a própria ortodoxia, que já não seria a mesma. Contudo, a neo-ortodoxia continuou a se apresentar usando os termos e o vocabulário da ortodoxia histórica, embora com conteúdo diferente e pouca coisa em comum com a ortodoxia histórica da igreja. Está tão próxima do liberalismo teológico, o qual pretendeu suplantar, que pode ser chamada de neoliberalismo.

Aos neo-ortodoxos brasileiros eu argumentaria o seguinte quanto à necessidade de santificação:

1. *A santidade é visível aos olhos humanos.* Não acontece apenas no âmbito das relações invisíveis entre os crentes e Deus. Se por um lado já fomos santificados e glorificados em Cristo nas regiões celestiais — coisa que não podemos sentir nem ver — , somos exortados a nos santificar diariamente pela mortificação da natureza pecaminosa e

pelo revestimento das virtudes cristãs (cf. Cl 3:1-6). A neo-ortodoxia tende a considerar transcendentes as manifestações práticas e visíveis da operação da graça de Deus no ser humano, interpretando conversão e santificação em termos psicológicos apenas. Talvez seja por esse motivo que alguns neo-ortodoxos (note que não estou generalizando) consideram como sem importância fazer sexo antes do casamento, fumar, beber, ir a bailes e baladas, separar-se e casar de novo, usar linguagem chula. Eles acabam esvaziando de sentido as declarações bíblicas sobre a necessidade diária e prática de uma vida separada do pecado e apegada aos valores cristãos.

2. *A santidade é sinal da eleição.* Muitos neo-ortodoxos negam esse fato, afirmando que os puritanos modificaram a doutrina da segurança da fé ensinada por Calvino. Os puritanos, com seu legalismo, teriam conectado a certeza de salvação à santidade e não à fé salvadora, como Calvino supostamente acreditava. Essa tese falsa já foi convincentemente refutada por muitos autores.[1] Não precisamos dos puritanos para compreender que a Bíblia ensina claramente que fomos eleitos para a santificação, e que sem santificação ninguém verá ao Senhor (Hb 12:14). A santidade de vida — não estou falando de perfeição — é parte integrante da fé salvadora (Rm 6). Santidade e fé salvadora são dois lados de uma mesma moeda. Tiago reitera: "Fé sem obras é morta" (Tg 2:17,26). No contexto, não se trata de dar esmolas, mas de obedecer a Deus mesmo ao custo do que nos é mais precioso, como os exemplos de Abraão e Raabe demonstram (Tg 2:21-25). Deixar de considerar a santificação um sinal da eleição para a vida eterna, e adotar a fé como esse sinal, é assumir uma base subjetiva para a segurança de salvação. Com isso, os neo-ortodoxos correm o risco de se enganar quanto à experiência religiosa, pois podem equivocadamente se considerar salvos mesmo que não haja sinais visíveis de santificação entre eles.

[1] Veja, por exemplo, Paulo Anglada, *A confissão de fé de Westminster é realmente calvinista?* em *Fides Reformata* 3/2 (1998).

3. *A santidade é "experienciável".* Ou seja, podemos experimentá-la, vivenciando e sentindo a vitória sobre as tentações interiores e exteriores. É quando experimentamos grande gozo, alegria e deleite nas coisas de Deus. Sei que muitos vão se espantar com isso, mas declaro acreditar que reações físicas como tremer, chorar, emocionar-se, são perfeitamente válidas, se são resultado da pregação da Palavra de Deus na mente e no coração. Neo-ortodoxos tendem a considerar toda manifestação religiosa emocional como pentecostalismo, esquecidos de que a tradição reformada à qual dizem pertencer reconhece que a ação graciosa do Espírito na santificação por vezes produz efeitos profundos em nossa estrutura emocional. Eu sou contra emocionalismo, ou seja, a manipulação e a exploração das emoções; mas já chorei de alegria diante de Deus ao meditar na sua graça, já solucei amargamente, prostrado, por causa dos meus pecados, já senti uma paz que ultrapassa qualquer descrição ao enfrentar grandes tribulações. O processo de santificação inevitavelmente passa pelas emoções — não é somente algo mental. E isso não é pietismo e nem pentecostalismo, como geralmente creem os neo-ortodoxos.

4. *A santidade precisa da prática devocional.* Eu ainda acredito, depois de todos esses anos de crente, de pastor e professor de interpretação bíblica, que a leitura bíblica diária junto com meditação e oração a Deus são meios indispensáveis para nos santificarmos (Sl 1). Não sei como muitos conseguem passar dias e dias sem ler a Palavra de Deus, sem meditar nela e buscar a Deus em oração. Quando por algum motivo deixo de fazer minhas devoções diárias, sinto o velho Adão crescer dentro em mim. Perco o gozo e o deleite na oração. Meu coração começa a se endurecer, meus sentidos espirituais começam a se embotar. O pecado deixa de ser odioso e começa a ser mais atraente. Eu nunca havia entendido até alguns anos por que neo-ortodoxos adotam uma ordem de culto extremamente litúrgica. Hoje, penso que descobri. Se não temos prática devocional e se tiramos o poder prático do evangelho em nossas vidas, temos de transferir a dinâmica da santificação para outra esfera — e no caso, um culto extremamente

formal e litúrgico. Não sou contra um culto litúrgico. Sou contra o "liturgismo" que se afigura como substituto de uma vida devocional diária e do processo de santificação.

5. *A santificação pressupõe que Deus fez e faz milagres neste mundo.* A santificação bíblica pressupõe a realidade de três milagres. Primeiro, a vitória de Jesus sobre o pecado e a morte, por sua ressurreição física, literal e histórica de entre os mortos. É somente mediante nossa união com o Cristo ressurreto e exaltado que temos o poder para vencer o pecado em nós. Segundo, a operação do Espírito regenerando o pecador, dando-lhe uma nova natureza e implantando nele o princípio da nova vida em Cristo. Sem regeneração, não pode haver santificação. A velha natureza pecaminosa não pode santificar-se. É preciso uma nova natureza e somente um ato miraculoso, criador, de Deus a implanta no pecador. Terceiro, a ação da Providência de Deus, que diariamente impede que sejamos tentados mais do que podemos resistir, subjugando Satanás, subjugando nossas paixões e nos mantendo no caminho da santidade. A neo-ortodoxia tende a lançar todos os atos miraculosos de Deus para a história da salvação (*heilsgeschichte*), um nível de existência que eles inventaram, que é fora desse mundo. Portanto, quem realmente não crê na ação miraculosa de Deus na história (*historie*), no mundo real, não conhece o que é a regeneração, a união mística com Cristo e a vitória diária sobre o pecado.

6. *A santificação precisa de referenciais morais objetivos e fixos.* Sem eles, a santificação descamba para o misticismo, o pragmatismo, o paganismo. O referencial seguro do caminho da santidade é a Palavra de Deus, nossa única regra de fé e prática. Ela é lâmpada para meus pés e luz para meus caminhos (Sl 119:105). A neo-ortodoxia considera a Bíblia não como a infalível Palavra de Deus, mas como o testemunho humano escrito e falível a essa Palavra. Deus só me fala pela Bíblia num encontro existencial, cujo conteúdo será determinado pela minha necessidade naquele momento. Fica difícil dizer "não" ao pecado, mortificar as paixões, rejeitar as tentações, buscar a verdade, a pureza e a justiça quando não temos certeza nem da veracidade

desses valores, nem da vontade de Deus para nós a todo momento. Uma Bíblia falível, cheia de erros, é um guia inseguro e não confiável na senda do Calvário.

"Esforcem-se para viver em paz com todos e para serem santos; sem santidade ninguém verá o Senhor" (Hb 12:14).

Os libertinos
quarta parte

capítulo vinte

Neolibertinos

Os libertinos existem há muito tempo dentro da Igreja Cristã. Não vamos confundi-los com aqueles que procuram libertar-se da escravidão do pecado, da carne, do mundo e da lei, que é a liberdade cristã propriamente dita, encontrada em Cristo. Nesse sentido, todo crente verdadeiro é livre, ao mesmo tempo em que é escravo de Deus e servo de seus semelhantes. Paulo trata do tema em Romanos 6.

Os libertinos são diferentes. Também mencionam a liberdade cristã, a liberdade de consciência e a liberdade da lei, só que querem também ser livres de Deus e do próximo. Não percebem a liberdade dada por Cristo como estímulo para viver em obediência a Deus e serviço ao próximo, mas como uma licença para fazerem o que tiverem vontade.

Nós os encontramos em todos os períodos da Igreja. Quem não lembra de Balaão, o falso profeta libertino que ensinou os filhos de Israel a se prostituir com as cananitas e a praticar a religião delas, como se fosse algo aceitável a Deus? (Nm 31:16).

Encontramos os libertinos desde cedo infiltrados nas comunidades cristãs primitivas, ensinando que a graça de Deus permitia ao cristão a participação nos sacrifícios pagãos oferecidos nos templos. Paulo encontrou um grupo de libertinos em Corinto, que achava que tudo era lícito ao crente, inclusive participar dos festivais pagãos oferecidos nos templos dos idólatras (1Co 8-10). O livro de Apocalipse menciona os nicolaítas e os seguidores de Jezabel, grupos libertinos que ensinavam os cristãos a participar das "profundezas de Satanás" (Ap 2:24).

Menciona também a "doutrina de Balaão", que parece ter sido uma designação relativamente comum no século I para os libertinos (cf. Ap 2:14). Judas escreveu sua carta para denunciar e enfrentar "certos homens" que "infiltraram-se dissimuladamente no meio das igrejas. Estes eram ímpios e transformavam a graça de Deus em libertinagem e negavam Jesus Cristo, único Soberano e Senhor" (Jd 4).

Na época da Reforma, Calvino referiu-se em uma de suas cartas ao partido dos libertinos na igreja de Genebra, que usava a "comunhão dos santos" para troca de esposas.[1]

Os libertinos modernos — vamos chamá-los de neolibertinos — não são diferentes e mantêm basicamente as mesmas características dos libertinos denunciados no Novo Testamento, particularmente na carta de Judas:

1. Os neolibertinos se introduzem nas igrejas cristãs dissimulando suas crenças e práticas até se sentirem seguros para manifestar abertamente o que são. Estão presentes nas festividades das igrejas como "rochas submersas" (Jd 12), que representam um perigo para a navegação. Neolibertinos costumam permanecer em igrejas históricas e confessionais sem dar a mínima para a crença dessas instituições.

2. São pessoas ímpias — isto é, sem piedade pessoal, sem temor a Deus e sem a verdadeira religião — que se apresentam travestidas de cristãos, usando a linguagem cristã e engajadas em práticas cristãs. São arrogantes e aduladores dos outros por interesses (Jd 16). São "sensuais" e "causam divisões" no corpo de Cristo com suas ideias heréticas (Jd 19). A doutrina neolibertina alega que a graça de Cristo torna tudo lícito ao cristão, inclusive a prática da imoralidade — que naturalmente não é chamada por esse nome, mas por eufemismos e outros nomes, como sexo livre, amor etc. Essa doutrina transforma essa graça em libertinagem — é daí que vem o nome "libertinos".

3. Em última análise, a doutrina dos neolibertinos nega a Jesus Cristo (Jd 4), que sofreu na cruz para livrar seu povo não somente da culpa

[1] Citado por Henry F. Henderson, *Calvin in His Letters*, London: J. M. Dent and Co., 1909, p. 75.

do pecado, mas do poder do pecado em suas vidas, conduzindo-os à santidade e à pureza. Os libertinos vivem sem nenhum recato (Jd 12).

4. A fonte de autoridade para a doutrina dos libertinos não é a Escritura, que em todo lugar condena a imoralidade, a concupiscência, a prostituição e o adultério, mas suas experiências pessoais. Judas chama os libertinos de "sonhadores que contaminam o próprio corpo" (Jd 8). A religião dos neolibertinos não é oriunda da revelação de Deus nas Escrituras, mas é fruto da sua mente carnal, "como animais irracionais" (Jd 10).

Falando sem rodeios, os neolibertinos presentes nas igrejas evangélicas defendem o sexo antes do casamento, a multiplicidade de parceiros, as relações homossexuais, a troca de esposas e maridos, a pornografia, as aventuras amorosas fora do casamento, o consumo exagerado de bebidas alcoólicas, a participação dos cristãos nas diversões mundanas e a absorção dos valores desse mundo no vestir, trajar, viver e andar. A agenda neolibertina é mais ampla do que essa e alguns neolibertinos são mais radicais que outros. Mas, no geral, neolibertinos são contra qualquer sistema que tenha uma ética definida, com valores morais absolutos e fixos.

Não estou dizendo que é libertinagem desfrutar das coisas boas da nossa cultura. Por exemplo, não acho que um cristão que vai a um show de Chico Buarque é libertino — aliás, até gosto do Chico. Libertino é quem acha que o fato de ser cristão o deixa livre para viver uma vida promíscua, imoral, sem limites éticos.

Ao criticar os libertinos não estou me considerando sem pecado. Todavia, o fato de que também sou pecador não me impede de fazer esse tipo de avaliação. Na prática, nem todos são tão pecadores quanto podem ser. Existem aqueles que, pela graça de Deus e pela união com Cristo, não vivem mais como os demais gentios. Escrevendo aos efésios, Paulo faz constantemente distinção entre o crente e o pagão. Como podemos ser sal e luz do mundo, sem nos distinguir?

Neolibertinos costumam construir uma imagem de Jesus como um inclusivista, que amou a todos sem distinção, jamais condenou ninguém nem se pronunciou contra o pecado de ninguém. No entanto, o Jesus libertino é diferente do Jesus em que o cristianismo histórico crê há dois mil anos. O Jesus libertino foi um fracasso, pois ninguém entendeu o que ele quis dizer em dois mil anos de história — só agora é que os neolibertinos descobriram.

De fato, como mestre, o Jesus libertino fracassou redondamente. Seus discípulos, as pessoas mais chegadas a ele, tornaram-se o oposto do que ele queria: Pedro passou a ensinar que a vida nas paixões carnais era pecaminosa (1Pe 1:13-19), João passou a dizer que a paixão pelas coisas do mundo e da carne não procedem de Deus (1Jo 2:15-17), Tiago condenou o mundanismo (Tg 4), o autor de Hebreus declarou que temos de lutar até o sangue contra o pecado que nos rodeia (Hb 12:1-4) e Paulo afirmou que os sodomitas e efeminados não entrarão no reino de Deus (1Co 6:9-11). Certamente não aprenderam essas coisas com o Jesus libertino.

Os neolibertinos convenientemente calam-se sobre determinadas passagens nos evangelhos em que Jesus, ao receber prostitutas, cobradores de impostos e pecadores em geral, os ensinava a segui-lo, não cometendo mais pecados, tomando a sua cruz, negando a si próprios e se tornando sal e luz desse mundo em trevas. Nenhuma prostituta, imoral ou ladrão que conheceu Jesus e se tornou seu discípulo continuou em sua vida imoral. Zaqueu, Mateus e Madalena que o digam.

capítulo vinte e um

"Aquele pastor acredita no casamento... já vai para o terceiro!"

Foi assim que um conhecido meu se referiu, em tom de gozação, a um pastor evangélico que, por sinal, é seu amigo. Desconfio que tal pastor não é o único de sua espécie. Não tenho estatísticas para provar, mas meu "achômetro" registra que hoje, nas igrejas evangélicas, a aceitação de pastores que já vão para o segundo ou terceiro casamento é maior. Ouvi dizer que alguns já estão no quarto casamento, mas não quis acreditar.

Pastores casados uma segunda ou terceira vez provocam polêmica e confusão entre os jovens. Recebi o seguinte comentário de um evangélico:

> Eu, confesso, fico extremamente incomodado com divórcios, com supostas uniões estáveis e recasamentos de pastores... e fico mais ainda quando procuro um norte na teologia para compreender isto tudo também à luz do perdão de Deus. E aí, aonde iremos?

Afinal, qual a importância de um casamento sólido e duradouro para o ministério pastoral? Paulo escreveu que "é necessário que o bispo ... seja esposo de uma só mulher" (1Tm 3:2). Podemos ler essa passagem de duas ou três maneiras diferentes, mas todas elas, ao final, tratam da necessidade de um casamento exemplar para os líderes cristãos. Bom, creio que há vários pontos que podem ser mencionados aqui. O primeiro é a paz e o sossego presentes em um casamento estável, que se refletem inevitavelmente na lide pastoral. Não sei como pastores que enfrentam a separação, o divórcio, um novo casamento e a adaptação à nova realidade (se tiver filhos, é ainda mais difícil) encontram tranquilidade para pastorear, ao mesmo tempo em que vivem as angústias da crise. O segundo ponto é o exemplo, para os filhos, se houver, e para os casais da igreja pastoreada. Todos esperam que o casamento do pastor seja uma fonte de inspiração e exemplo. Casamentos que dão certo e duram a vida toda funcionam como uma espécie de referencial para os demais casamentos, especialmente se for o casamento do pastor.

O terceiro ponto é a questão da autoridade. Não era esse o receio de Paulo, que após ter pregado a outros não viesse ele mesmo a ser desqualificado (1Co 9:27)? Qual a autoridade de um pastor divorciado já pela segunda ou terceira vez para exortar os maridos da sua igreja a amar a esposa e a se sacrificar por ela? Essa história aconteceu com um pastor que foi colega meu de seminário. Certo dia, falando na igreja sobre os deveres do marido cristão, sua própria esposa se levantou no meio da audiência e exclamou: "É tudo mentira, ele não faz nada disso em casa!". O pastorado daquele colega acabou ali mesmo.

Aqui precisamos abordar uma questão delicada, sofrida e urgente: pastores que entram num segundo casamento podem continuar no ministério? Para muitos, a resposta é "não". O marido é sempre o responsável pelo bom andamento de seu casamento e, mesmo nos casos em que foi traído pela esposa, uma sombra foi lançada sobre a sua competência e habilidade como marido, cabeça do lar e líder. Se ele não conseguiu adesão, fidelidade e compromisso de sua esposa, dificilmente conseguirá o mesmo da Igreja. Outros acham que a resposta dependerá das causas que levaram à dissolução do primeiro casamento. Se foram as causas bíblicas — adultério da esposa ou abandono obstinado da parte dela —, ele estará livre para se casar outra vez. Pessoalmente, adoto essa opinião, mas com um adendo: ele não deveria mais exercer ministérios em que estivesse à frente das igrejas, com um papel destacado de liderança. Sempre estará vulnerável a questionamentos acerca dos motivos pelos quais a esposa o traiu ou o deixou. As igrejas que pretendam receber um pastor recasado deveriam ter um conhecimento amplo do ocorrido, para saber quem estão escolhendo para líder do rebanho. Há muitas oportunidade de serviço no ministério pastoral sem que necessariamente o recasado tenha de estar em destaque.

Mas há um quarto ponto. Pastores que já vão para o segundo ou terceiro casamento estão passando a seguinte mensagem para os casais da igreja: "O divórcio é uma solução legal e fácil para resolver os problemas do casamento. Quando as coisas começam a ficar difíceis, o caminho mais rápido é o da separação e o recomeço com outra pessoa". Essa mensagem é também captada pelos jovens, que um dia contrairão matrimônio já pensando no divórcio como saída de incêndio. Um jovem recém-casado, filho de um grande amigo meu, mandou-me esse comentário certa feita:

> A transformação do matrimônio em uma porta rotatória tem seus efeitos também sobre a forma como os jovens encaram o namoro e a abstinência. À medida que o matrimônio vai perdendo a sua seriedade, a razão para esperar até o casamento para usufruir da sexualidade também vai desaparecendo, pois o contexto de Deus para isso é esquecido. É preciso desenvolver esse contexto na mente dos jovens das nossas igrejas, pois, com o surgimento do "ficar" nas últimas décadas, o fácil acesso à pornografia pela internet e a popularização da masturbação como opção de *release* (que é pregada até por certos líderes evangélicos), somos bombardeados de todo lado com alternativas ao plano santo, bom e perfeito do nosso Senhor.

Esclareço que não sou absolutamente contra o divórcio. Como reformado, entendo que o divórcio é permitido naqueles casos previstos nas Escrituras, que são o adultério e a deserção obstinada (cf. Mt 19:9, 1Co 7:15).[1] Sou contra a sua obtenção por quaisquer outros motivos, mesmo que seja permitido por lei no Brasil.

[1] Essa é a interpretação que se encontra na *Confissão de Fé de Westminster*, capítulo XXIV, seção 6.

Aqui é importante responder à seguinte indagação: quando o casamento começa e quando termina? Para mim, o casamento é uma instituição divina que deve ser realizada pelo estado, dentro dos princípios bíblicos. Na visão reformada, Romanos 13 ensina que o estado é ministro de Deus. No Brasil, a igreja apenas pede a bênção de Deus sobre o casal. Não é o pastor quem casa, mas o magistrado civil (o casamento religioso com efeito civil só tem validade se foi registrado em cartório). O casamento começa quando, diante do ministro civil ou do pastor que o representa, o casal assume o compromisso de vida a dois mediante os votos feitos. É claro que o ritual e o processo variam de cultura para cultura, mas penso que a essência é essa. Do mesmo modo, somente o estado pode terminar o casamento. E via de regra isso é feito pela emissão da carta de divórcio ou seu equivalente. Antes da emissão oficial do divórcio, entendo que o casamento continua válido. Uma vez emitido o divórcio, termina oficialmente. Contudo, estamos falando de divórcio obtido por causa de dois pontos mencionados acima: adultério e deserção obstinada. Quando o estado emite carta de divórcio por qualquer motivo — consensual ou incompatibilidade de gênios —, esse fato não anula o ensino bíblico de que os divorciados adulteram se casarem de novo (Mt 5:32; 19:9; Mc 10:11-12; Lc 16:18).

Fico me perguntando se, ao final de tudo isto, essa onda de recasamentos não é uma versão moderna e evangélica da *velha poligamia*. Como a poligamia é proibida no Brasil e rejeitada pelas igrejas, alguns pastores encontraram esse meio de ter várias mulheres durante o seu ministério, embora não ao mesmo tempo, que é casar-se várias vezes em sequência, com mulheres diferentes. É legal e, em alguns casos, é mais barato.

capítulo vinte e dois

Camisinhas, refrigerantes e doces

As camisinhas, antes distribuídas pelo governo em postos de saúde, estarão disponíveis gratuitamente aos adolescentes nas próprias escolas, por meio de máquinas semelhantes às de refrigerantes e doces. Os ministérios da Educação e da Saúde se uniram num projeto para levar preservativos ao ambiente escolar e, assim, reforçar as campanhas de prevenção à AIDS e demais doenças sexualmente transmissíveis.[1]

Pois é, agora os nossos adolescentes vão poder comprar camisinhas na escola da mesma forma displicente com que compram refrigerantes e doces. Parece que estou vendo a cena: "Filhinha, aqui está o dinheiro para o lanchinho de hoje na escola. Com o troco, compre uma camisinha, caso hoje você vá 'ficar' com alguém...".

Parece que para muita gente as relações sexuais entre adolescentes são tão naturais e normais quanto fazer um lanchinho no intervalo da aula. Uma máquina de camisinhas no banheiro da escola — que apelo essa imagem passa ao adolescente que vai ao banheiro para um rápido pipi?

Estou perfeitamente consciente dos altos números da AIDS, da gravidez e das DST (Doenças Sexualmente Transmissíveis) entre crianças e adolescentes no Brasil, especialmente nas camadas mais pobres. Sei

[1] *A Tribuna*, jan. 2007.

que algo precisa ser feito. Também sei das publicações oficiais que mostram que o Brasil está entre aqueles países que conseguiram diminuir o avanço da AIDS. Todavia, eu me recuso a aceitar soluções para esses problemas que partem da premissa de que a relação sexual entre adolescentes é um ato normal de satisfação de uma necessidade fisiológica, como matar a sede ou a fome. Meu entendimento é que, qualquer que seja a classe social, por trás de tudo isso está a visão secularizada do sexo como uma relação puramente fisiológica.

O assunto tem tudo a ver com a questão do sexo antes do casamento. Minha opinião é aquela do cristianismo histórico conservador, ou seja, que o sexo é uma bênção dada por Deus para ser usufruída numa relação de compromisso e responsabilidade dentro do casamento. O sexo é mais do que o envolvimento físico de um homem e uma mulher, tem dimensões mais complexas que só podem ser entendidas em plenitude no ambiente do casamento. O sexo antes e fora do casamento nunca pode ser total, pois lhe falta o elemento do compromisso moral, psicológico e espiritual que o torna completo. Por estes motivos, considero sexo antes do casamento — e especialmente entre adolescentes — um desvirtuamento da intenção original de Deus quanto à sexualidade.

Pessoalmente, não vejo problemas em campanhas de prevenção contra DST e educação sexual, desde que feitas de maneira adequada. Apenas lamento a ideia de que a distribuição cada vez maior de camisinhas — ainda que acompanhada de alguma orientação sobre sexualidade — vá resolver o problema. Como muitos, temo que na verdade acabe por fomentar ainda mais a promiscuidade sexual entre adolescentes, que são despertados e se sentem seguros para iniciar uma vida sexual ativa com vários parceiros de toda orientação sexual disponível no mercado.

E aqui tocamos em outro tema afim, a questão da educação sexual. Acredito que os adolescentes deveriam ter educação sexual em família, desde cedo. É tarefa dos pais instruírem os filhos sobre a sexualidade e as questões relacionadas ao sexo. Mas por que essa acabou virando uma tarefa quase que exclusiva das escolas? Creio que isso se deve ao fato de que muitas famílias estão destroçadas, muitos pais são omissos ou não têm nem exemplo nem autoridade para ensinar qualquer coisa aos filhos nessa área. Sim, dos males o menor... mas, e quanto à educação sexual nas escolas?

Nas escolas, a educação sexual não deveria ser entregue nas mãos de pedagogos, psicólogos e médicos, profissionais muitas vezes desprovidos de uma formação moral e ética que permita uma visão mais integral do assunto, com a apresentação de valores morais e éticos que sempre fizeram parte da tradição cristã ocidental. Via de regra, o que se ensina hoje em grande parte das escolas é o "ficar" como sendo normal e desejável, o sexo antes do casamento como se fosse a coisa mais natural do mundo, quer seja hetero ou homo. Só para dar um exemplo, segundo a cartilha "Sexualidade, Saúde e Bem-estar" da Secretaria de Saúde do Estado de São Paulo, escrita com ajuda da coordenadora de seu Programa da Adolescência, o ato de "ficar" — que pode acabar em relações sexuais — é desejável entre adolescentes, pois não traz obrigações, compromissos nem rejeições, mas representa a "oportunidade de adquirir mais experiência, antes de eleger alguém como parceiro definitivo". Não sei se essa visão é representativa da visão oficial, mas imagine os efeitos dessa leitura ao lado de uma máquina de camisinhas!

A causa básica do crescimento da AIDS, da fragmentação da família, do aumento do número de adolescentes grávidas e de mães solteiras, da falta de controle da natalidade, é o impacto, ainda hoje, do movimento de liberação sexual que teve início na década de 1960. Com a derrubada de todas as restrições morais em relação ao sexo, houve a desvalorização do casamento e da virgindade, o que transformou relação sexual numa experiência fisiológica desconectada de valores como compromisso, fidelidade e amor autêntico. Esta é a verdadeira causa da explosão de doenças venéreas, da AIDS e dos graves problemas sociais resultantes da promiscuidade entre os jovens dessa geração. E é ainda mais doloroso saber que há grupos dentro das igrejas evangélicas que defendem o sexo antes do casamento como algo normal entre adolescentes e jovens. O uso de camisinhas numa situação dessas é um remendo, é usar um curativo para curar um câncer.

A promoção de uma educação sexual liberal, com a campanha e a instalação de máquinas de camisinhas nas escolas, terá, na minha opinião, resultados contrários aos pretendidos, considerando-se que em nosso país há uma erotização excessiva por parte de todos os setores da mídia, dos artistas, das novelas, que atingem nossos filhos até dentro de casa. Estaremos empurrando ainda mais os adolescentes para as relações sexuais.

Não sou contra a campanha oficial para uso da camisinha nem sou contra a distribuição de camisinhas. Meu ponto é que, quando se deixa de fazer aquilo que é o certo e o melhor, ou seja, admitir que a promiscuidade geral é a causa básica da proliferação das doenças venéreas, da AIDS e de outros problemas correlatos, as soluções que virão em seguida podem não proporcionar os resultados esperados. Sou contra a falta de uma campanha que atinja o cerne do problema, de uma campanha de educação sexual que enfoque os benefícios e as vantagens da abstinência até o casamento. Eu sei que uma campanha dessas é politicamente incorreta e absolutamente impensável para o nosso estado comprometido com valores seculares e liberais. Contudo, é o caminho correto, pois chega à raiz da questão.

Uma amiga minha escreveu o seguinte sobre essa campanha:

> Creio que, para uma campanha de abstinência, seria necessária a apresentação de valores ligados a Deus e à transcendência de algum modo. Não consigo imaginar nada diferente disso. Quando as pessoas se consideram apenas corpos, fica mais fácil "trocar fluidos" e entrar naquela visão fisiológica. Quando se veem indissoluvelmente como corpo e alma, conforme o cristianismo ensina, fica mais fácil perceber que o sexo pelo sexo é o uso indevido de algo que foi criado por Deus para unir pessoas do modo mais íntimo e radical — algo só possível no contexto do casamento.

Há quem pense que essa posição acaba por afastar os adolescentes do cristianismo evangélico. Todavia, não considero essa posição como "fechada". A posição "aberta" só tem trazido problemas de toda sorte a esta geração. Além do mais, o pensamento da igreja deve se guiar pelo que diz a Bíblia, a Palavra de Deus, e não por objetivos pragmáticos. Os padrões morais revelados por Deus na Bíblia não devem ser diminuídos em nome da quantidade de adolescentes e jovens nas igrejas. Os jovens gostam da verdade. Se dissermos a verdade a eles em amor, clareza e gentileza, não se afastarão, ao contrário, se sentirão atraídos, pois buscam sempre um ponto de referência.

É verdade que um namoro certinho não garante um casamento estável, feliz e exemplar. Mas um namoro assim tem mais chances de dar certo que um namoro em que todos os limites foram violados. A melhor maneira de lidar com a sexualidade dos adolescentes e jovens não é dar livre vazão aos instintos e às vontades, mas instruir, ensinar o domínio próprio e prepará-los para o casamento.

capítulo vinte e três

À noite, todos os gatos são pardos...

Confesso que no fundo de meu coração tenho medo de um dia apostatar da fé e negar tudo o que afirmo hoje. Vi isso acontecer com muitos líderes evangélicos, alguns deles ícones e referências para mim. Tenho medo, explico, porque vejo que o mesmo pode acontecer comigo. Percebo no fundo de meu coração uma tendência constante para afastar-me de Deus. Sinto que a tentação para a heterodoxia e para a liberação total são perigos reais que me cercam diariamente. Vejo com muita clareza que me submeter às Escrituras e crer em Deus é um milagre na minha vida.

Vi a apostasia acontecer muito de perto ao longo da minha trajetória. Um famoso professor de Bíblia do Recife, que me encaminhou ao seminário, abandonou a fé cristã depois de trair a mulher e abandoná-la com nove filhos. Eu estava no primeiro ano! Três colegas meus de classe, no seminário, entre os mais brilhantes da turma, hoje nem professam mais o cristianismo. Um jovem promissor que chegou ao evangelho por minha instrumentalidade, chegando até a estudar no L'Abri, com Francis Schaeffer, renegou o cristianismo histórico. Uma conhecida minha desde a infância, missionária no estrangeiro, acaba de comunicar aos pais que não é mais cristã, depois de começar a viver com um homem casado. Recentemente, o líder da Sociedade Evangélica Teológica mundial largou o evangelicalismo e se reconverteu ao catolicismo romano de onde tinha vindo. Outros líderes que conheci, admirei e segui durante os primeiros anos de minha vida não deixaram as denominações evangélicas, mas já não creem mais naquilo que me ensinaram.

Há advertências constantes nas Escrituras contra a *apostasia*. Apostatar significa afastar-se da verdade de Deus revelada nas Escrituras, como resultado de uma mudança de pensamento, e levantar-se em rebelião aberta contra ela. O que levaria alguém a fazer tudo isso — abandonar a fé bíblica, seguir a heterodoxia, renegar os valores morais do cristianismo e pregar a liberação total?

Não pretendo entrar aqui na delicada questão acerca da salvação do apóstata. Talvez noutra ocasião eu tente esclarecer os motivos para acreditar que um apóstata, no sentido real da palavra, nunca foi verdadeiramente salvo. Creio na perseverança final dos santos, dos eleitos de Deus.

O que eu gostaria é de inquirir acerca dos motivos para o abandono da fé histórica do cristianismo, após um longo tempo de defesa e pregação dessa fé. É evidente que não poderei inquirir aqui sobre os desígnios misteriosos de Deus. A minha inquirição é apenas teológica.

O Novo Testamento nos dá vários motivos pelos quais as pessoas se desviam da fé. Na parábola do semeador, lemos acerca dos que creem por um tempo e depois se desviam, enredados nos cuidados deste mundo e escandalizados pelas perseguições que começaram a experimentar por causa do Evangelho (Mt 13:3-7). São aqueles que não acolheram sinceramente a verdade para serem salvos. A eles, o próprio Deus envia a operação do erro e da mentira (2Ts 2:9-11). Há também os que, depois de algum tempo, passam a dar ouvidos a doutrinas de demônios (1Tm 4:1). Outros se desviam da fé para professar uma doutrina "mais intelectual" (1Tm 6:20-21). Com frequência, há os que são levados pela cobiça, como Judas, Balaão e Demas, que amou o presente mundo. A demora, a relutância, a indolência e a negligência em romper definitivamente com o pecado e o erro são causas prováveis de apostasia, conforme o autor de Hebreus ensina em toda a sua carta. Ele avisa que a dureza de coração e a incredulidade são capazes de afastar alguém do Deus vivo (Hb 3:12-13).

Em resumo, os motivos externos são vários: amor ao dinheiro, orgulho, problemas morais não resolvidos, vaidade intelectual, falta de coragem para assumir a verdade e desejo por novidades. A raiz de tudo isso, ao meu ver, é a falta de um coração regenerado, um motivo que os autores bíblicos estão sempre prontos a admitir.

O apóstata pode permanecer muitos anos na igreja e no ministério sem jamais revelar a apostasia já presente em seu coração. Outros assumem a apostasia e rompem abertamente com a fé cristã histórica, adotando outras doutrinas que, mesmo revestidas de novidade e respeitabilidade intelectual, nada mais são que as velhas heresias teológicas e morais que a Igreja já enfrentou ao longo dos anos. Eu não me espantaria se por trás dos grandes desvios teológicos da história encontrássemos pecados não resolvidos, como orgulho, vaidade intelectual, soberba, dureza de coração e — obviamente — corações não regenerados. É claro que nunca saberemos ao certo. A história não registra essas motivações profundas, que sempre são abafadas, escondidas e raramente declaradas.

Sobre a apostasia, uma pessoa que conheci certa feita durante um voo me escreveu:

> Deus ama um certo tipo de apóstata! O cego de nascença de João 9 era um apóstata aos olhos de alguns religiosos da época. Lutero também foi um apóstata para o clero romano. Mas isso não é novidade, pois o nosso próprio Senhor Jesus foi um apóstata para a liderança religiosa dos dias em que viveu entre nós.

Deus ama apóstatas, estou certo, mas os que apostataram do erro religioso e abraçaram a verdade bíblica, como o cego e Lutero.

Outro amigo me escreveu sobre o assunto:

> Várias vezes já passou por minha cabeça a sensação de que talvez alguns que abandonam o cristianismo histórico estejam certos. Ou, ao menos, que não estejam tão errados quanto pensamos. Vai que o Espírito iluminou

essa pessoa para ver de outra forma. No entanto, o Espírito Santo não vai iluminar alguém para negar a Palavra. Essa é nossa certeza e um ponto fundamental da fé cristã.

De fato, o Espírito não contradiz a Palavra. Ocorre que, historicamente, todos os fundadores de seitas, dentro e fora do cristianismo, sempre reivindicaram que foram iluminados por Deus para conhecerem a verdade final, que havia sido oculta da Igreja até então. Foi assim que os mórmons, as Testemunhas de Jeová, seitas apocalípticas, o G-12, o movimento de batalha espiritual e o próprio islamismo começaram. O que todos eles têm em comum é a crença de que a verdade evolui, cresce e muda, e que revelações contemporâneas de Deus têm mais autoridade que as Escrituras.

Até onde entendo, só há uma coisa que mantém o cristão na verdade: o temor a Deus, a humildade e um coração quebrantado. Os que verdadeiramente se humilham diante de Deus e tremem de sua Palavra, mesmo que errem em pontos secundários, que caiam eventualmente em pecados, jamais se afastarão definitivamente de Deus e da sua Palavra. O verdadeiro crente não pode mais abandonar a Deus. Nem que queira. Nem que em momentos terríveis diga a Deus que nunca mais o servirá. Ele acaba voltando. O apóstata vence essa barreira, consegue passar o limite, pular a cerca. Não receia o que poderá acontecer, pois no fundo ele realmente não acredita.

A apostasia é uma realidade muito mais presente nos meios evangélicos brasileiros do que se deseja perceber. O falso conceito de tolerância, o relativismo, a falta de convicções doutrinárias, o liberalismo teológico travestido de ciência, tudo isso favorece um quadro cinza e enevoado onde os contornos do verdadeiro cristianismo não são percebidos com clareza. À noite, todos os gatos são pardos.

Os neopentecostais

quinta parte

capítulo vinte e quatro

Avivamento sem santidade

Faz alguns anos fui convidado para ser o preletor de uma conferência sobre santidade promovida por uma conhecida organização carismática no Brasil. O convite, bastante gentil, dizia em linhas gerais que o povo de Deus no Brasil havia experimentado nas últimas décadas ondas sobre ondas de avivamento. "O vento do Senhor tem soprado renovação sobre nós", dizia o convite, mencionando em seguida o que considerava evidências: o movimento brasileiro de missões, crescimento na área da ação social, seminários e institutos bíblicos cheios, o surgimento de uma nova onda de louvor e adoração, com bandas diferentes, que "conseguem aquecer os nossos ambientes de culto". O convite reconhecia, porém, que ainda havia muito a alcançar. Havia um assunto em especial que não tinha recebido muita ênfase, a santidade. E acrescentava: "Sentimos que precisamos batalhar por santidade. Por isso, estamos marcando uma conferência sobre o tema..."

Não pude atender ao convite. Dei graças a Deus pelo desejo daqueles irmãos de buscar mais santidade. Entretanto, não pude deixar de notar que por detrás dessa busca havia o conceito de que se pode ter um "avivamento" espiritual sem que haja ênfase em santidade! Parece que para esses irmãos — e muitos outros no Brasil — a prática dos chamados dons sobrenaturais (visões, sonhos, revelações, milagres, curas, línguas, profecias), o "louvorzão", o ajuntamento de massas em eventos especiais, e coisas assim, são sinais de um verdadeiro avivamento. É esse o conceito de avivamento e plenitude do Espírito que permeia o evangelicalismo brasileiro em nossos dias. Parece que a atuação do Espírito, ou um avivamento, identifica-se mais com manifestações externas e a chamada liberdade litúrgica, do que propriamente com o controle do Espírito Santo na vida de alguém, na vida da igreja, na vida de uma comunidade.

Acredito que a santidade é deixada de lado no panorama do que a esquerda teológico-mística considera despertamento espiritual. Lamentavelmente, o escândalo da participação maciça da bancada evangélica (com esmagadora maioria de igrejas pentecostais e neopentecostais) na famigerada máfia dos sanguessugas e outros escândalos vieram confirmar o entendimento de que, em muitos ambientes evangélicos, a santidade de vida, a ética e a moralidade estão desconectados por completo da vida cristã, dos cultos, dos milagres, da prosperidade em geral.

Uma análise do conceito bíblico de santidade que fosse orientada para pentecostais e neopentecostais — sempre lembrando que não estou generalizando, pois há irmãos pentecostais e neopentecostais que amam a santidade — teria de destacar os seguintes aspectos:

1. *A santidade não tem nada a ver com usos e costumes.* Ser santo não é guardar uma série de regras e normas concernentes a vestuário e tamanho do cabelo. Não é ser contra piercing, tatuagem, filmes da Disney ou a Bíblia na Linguagem de Hoje. Não é só ouvir música evangélica, nunca ir à praia ou ao campo de futebol e nunca tomar um copo de vinho ou uma cerveja. Não é viver jejuando e orando, isolado dos outros, andar de paletó e gravata. Para muitos pentecostais no Brasil, santidade está ligada a esses costumes. Duvido que essas coisas funcionem. Elas não mortificam a inveja, a cobiça, a ganância, os pensamentos impuros, a raiva, a incredulidade, o temor dos homens, a preguiça, a mentira. Nenhuma dessas abstinências e regras conseguem, de fato, crucificar o velho homem com seus feitos. Têm aparência de piedade, mas não têm poder algum contra a carne. Foi o que Paulo tentou explicar aos colossenses, muito tempo atrás: "Essas regras têm, de fato, aparência de sabedoria, com sua pretensa religiosidade, falsa

humildade e severidade com o corpo, mas não têm valor algum para refrear os impulsos da carne" (Cl 2:23).

2. *A santidade existe sem manifestações carismáticas e as manifestações carismáticas existem sem ela.* Isso fica muito claro na primeira carta de Paulo aos coríntios. Provavelmente, a igreja de Corinto foi a igreja onde os dons espirituais, especialmente línguas, profecias, curas, visões e revelações, mais se manifestaram durante o período apostólico. No entanto, não existe no Novo Testamento uma igreja onde houve uma maior falta de santidade do que aquela. Ali, os seus membros estavam divididos por questões secundárias, havia a prática da imoralidade, culto à personalidade, suspeitas, heresias e a mais completa falta de amor e pureza, até mesmo na hora da celebração da Ceia do Senhor. Eles pensavam que eram espirituais, mas Paulo os chama de carnais (1Co 3:1-3). As manifestações espirituais podem ocorrer até mesmo através de pessoas como Judas, que, juntamente com os demais apóstolos, curou enfermos e ressuscitou mortos (Mt 10:1-8). No dia do juízo, o Senhor Jesus expulsará de sua presença aqueles que praticam a iniquidade, mesmo que tenham expelido demônios e curado enfermos (Mt 7:22-23).

Um leitor certa feita me escreveu:

> É necessário lembrar que não existe avivamento somente com santidade, mas com a manifestação da glória de Deus de várias formas. Isso é comprovado pelas Escrituras e pela história. Todos os avivamentos, tanto do VT como do NT, foram cheios de glória e manifestações poderosas. Avivamento só com santidade não existe, pois assim como Deus é santo, ele é Espírito e todo-poderoso também.

Eu entendi o que ele quis dizer, mas é evidente que sua tese não se sustenta. O conceito de reavivamento ou avivamento espiritual, como os próprios termos indicam, implicam trazer de volta à vida àquilo que estava em estado de morte. O melhor exemplo é o vale de ossos secos de Ezequiel. Avivamento ocorre quando Deus visita o seu povo trazendo-lhe vida espiritual. Esse é o conceito bíblico. Manifestações poderosas, sinais e prodígios podem existir sem que haja real avivamento. E vice-versa. O âmago do avivamento é o despertamento espiritual interior da alma da pessoa, quando suas faculdades são aguçadas e o discernimento espiritual retorna — e com ele, o ódio ao pecado, o amor à pureza, o desejo de íntima comunhão com Deus, desejo de ler e ouvir a Palavra de Deus e ter comunhão com os irmãos. Todas essas características são encontradas nos avivamentos espirituais narrados na Bíblia, como as reformas feitas pelos reis Asa, Josafá, Ezequias, entre outros, e o grande avivamento entre os judeus que retornaram do cativeiro sob Esdras. Contudo, não houve em nenhum deles sinais e prodígios.

3. *A santidade implica principalmente a mortificação do pecado que habita em nós.* Apesar de sermos regenerados e de possuirmos uma nova natureza, o velho homem permanece em nós e precisa ser mortificado diariamente, pelo poder do Espírito Santo. É necessário mais poder espiritual para dominar as paixões carnais do que para expelir demônios. E, a julgar pelo que testemunhamos, estamos muito longe de uma grande efusão do Espírito. Onde as paixões carnais se manifestam, não há santidade, mesmo que doentes sejam curados, línguas "estranhas" sejam faladas e demônios sejam expulsos. Não há nenhuma passagem em toda a Bíblia que faça a conexão direta entre santidade e manifestações carismáticas. Ao contrário, a Bíblia nos adverte constantemente contra falsos profetas, Satanás e seus emissários, cujo sinal característico é a operação de sinais e prodígios. Os textos de Mateus 24:24, Marcos 13:22, 2Tessalonicenses 2:9 e Apocalipse 13:13; 16:14, por exemplo, tratam disso.

4. *O poder da santidade provém da união com Cristo.* Ninguém é santo pela força de vontade, por mais que deseje. Não há poder em nós mesmos para mortificarmos as paixões carnais. Somente mediante a união com o Cristo crucificado e ressurreto é que teremos o poder necessário para subjugar a velha natureza e nos revestirmos da nova natureza, do novo homem, que é Cristo. O legalismo não consegue obter o poder espiritual necessário para vencer Adão. Somente Cristo

pode vencer Adão. É somente mediante nossa união mística com o Cristo vivo que recebemos poder espiritual para vivermos uma vida santa, pura e limpa aqui nesse mundo. É mais difícil vencer o domínio de hábitos pecaminosos do que quebrar maldições, libertar enfermos e receber prosperidade. O poder da ressurreição, contudo, triunfa sobre o pecado e sobre a morte. Quando "sabemos" que fomos crucificados com Cristo (Rm 6:6), nós nos "consideramos" mortos para o pecado e vivos para Deus (Rm 6:11), não permitindo que o pecado "reine" sobre nós (Rm 6:12) e nem nos "oferecemos" a ele como escravos (Rm 6:13), experimentamos a vitória sobre o pecado (Rm 6:14). Aleluia!

5. *A santidade é progressiva.* Ela não é obtida instantaneamente por meio de alguma intervenção sobrenatural. Deus nunca prometeu que nos santificaria por inteiro, de uma vez só. Na verdade, os apóstolos escreveram as cartas do Novo Testamento para instruir os crentes no processo de santificação. Infelizmente, influenciados pelo pensamento de João Wesley — que noutros pontos tem sido inspiração para minha vida e de muitos —, pentecostais e neopentecostais buscam a santificação instantânea, ou a experiência do amor perfeito, esquecidos que a pureza de vida e a santidade de coração são advindas de um processo diário, progressivo e incompleto aqui neste mundo.

6. *A santificação é um processo irresistível na vida do verdadeiro salvo.* Deus escolheu um povo para que fosse santo. O alvo da escolha de Deus é que sejamos santos e irrepreensíveis diante dele (Ef 1:4). Deus nos escolheu para a salvação mediante a santificação do Espírito (2Ts 2:13). Fomos predestinados para sermos conformes à imagem de Jesus Cristo (Rm 8:29). Muito embora o verdadeiro crente tropece, caia, falhe miseravelmente, ele não permanecerá caído. Será levantado por força do propósito de Deus, mediante o Espírito. Sua consciência não vai deixá-lo em paz. Ele não conseguirá amar o pecado, viver na prática do pecado. Ele vai fazer como o filho pródigo: "Levantar-me-ei e irei ter com o meu Pai, e lhe direi: Pai, pequei contra o céu e diante de ti" (Lc 15:18). Ninguém que vive na prática do pecado, da corrupção, da imoralidade, da impiedade — e gosta disso — pode dizer que

é salvo, filho de Deus, por mais próspero que seja financeiramente, por mais milagres que tenha realizado e por mais experiências sobrenaturais que tenha tido.

Estava certo o convite que recebi naquele dia: precisamos de santidade! E como! E a começar em mim. Tem misericórdia, ó Deus!

capítulo vinte e cinco

Carta a um jovem pastor sobre o grupo de louvor de sua igreja[1]

Meu caro Tadeu,

Fiquei muito feliz com a notícia de que você está pastoreando a igreja de seus pais desde o ano passado. Agradeço a sua carta comunicando o fato e também a confiança depositada em mim, ao expor os conflitos com o "grupo de louvor" de sua nova igreja. Percebo que desde sua posse esse tem sido um dos assuntos que mais o tem afligido. Você foi eleito para cinco anos e ainda há um longo caminho a ser percorrido. Como pastor da igreja, está em suas mãos tanto as prerrogativas e condução do culto quanto a autoridade para orientar o que vai ser cantado no culto, e de que modo. Em alguns casos, o desgaste já é tão grande que não existe mais diálogo possível entre o pastor e o grupo de louvor. Espero que não seja esse o seu caso e, nessa esperança, dou-lhe os conselhos que se seguem:

1. É necessário reconhecer que nós, reformados, já perdemos a batalha por um culto simples, espiritual, teocêntrico e equilibrado. O movimento gospel veio para ficar. Nós perdemos, Tadeu, porque erramos na estratégia. Há cerca de dez anos, quando a Igreja Batista da Lagoinha começou a comandar o louvor nas igrejas evangélicas no Brasil, preferimos resistir frontalmente e insistir com nossas igrejas

[1] A carta é fictícia. Toda semelhança com qualquer situação pela qual algum pastor conservador esteja passando será mera coincidência.

a que ficassem com os hinos de nosso hinário. Foi um erro. Deveríamos, além disso, ter apresentado uma alternativa às músicas deles. Há exceções, mas muitas delas são sofríveis, musicalmente falando, com uma teologia fraquíssima. São cânticos permeados de conceitos arminianos, neopentecostais, da teologia da prosperidade e da batalha espiritual, característicos daquilo que é produzido pelos músicos e cantores gospel da atualidade. Infelizmente, não conseguimos oferecer nada melhor desde o início, a não ser apelos para a preservação dos hinos tradicionais.

2. Comece solicitando ao grupo de louvor uma relação de todos os cânticos do seu repertório e se comprometa a estar presente em todos os ensaios para estudo bíblico sobre louvor e adoração, propondo-se a analisar a propriedade, a teologia e até mesmo o português desses cânticos. Nesses encontros, aja humildemente e não autoritariamente. Lembre-se de que eles estão acostumados a tocar tudo o que querem sem exercer críticas acerca do que estão cantando. Procure conduzir as discussões para a Bíblia, como o referencial último de tudo o que vai ser feito no culto. Leve-os a perceberem por si próprios que determinadas letras são inadequadas e a desistirem delas. Nesse sentido, seu maior aliado é o púlpito. Pregue sobre a centralidade de Deus no culto, sobre a necessidade da boa doutrina, sobre o perigo dos falsos ensinamentos, sobre o poder da música para o bem e para o mal e o imperativo de mantermos o culto dentro dos parâmetros bíblicos.

3. Coloque como regra inflexível — se possível aprovada como decisão do conselho da Igreja — que todos os participantes do grupo de louvor também devam estar totalmente integrados na vida da igreja, participando da escola dominical, das sociedades domésticas, sendo assíduos aos cultos. Mais importante que tudo, deve ser exposto como condição *sine qua non* que suas vidas sejam irrepreensíveis, verdadeiro exemplo para os demais jovens da igreja. Insista que eles devem participar do culto todo e que é inaceitável que, após o momento de louvor, saiam e fiquem do lado de fora da igreja. Não abra mão disso.

4. Com muito cuidado, procure diminuir o volume com que eles tocam. Domingo à noite fui pregar em uma igreja e sentei-me no primeiro banco aguardando o momento da pregação. O volume do grupo de louvor estava tão alto que não aguentei — levantei-me e saí discretamente. Quando consegui chegar ao lado de fora, percebi que meus ouvidos estavam zumbindo. Por alguma razão, os grupos de louvor têm a ideia de que os cânticos têm que ser tocados e cantados com os instrumentos e o vocal no volume máximo. O que você pode fazer para convencê-los de que sempre estão tocando muito mais alto do que o necessário é conseguir trazer um especialista com um medidor de decibéis durante os ensaios para medir o nível de ruído. Isso vai mostrar para eles como muitos se sentem incomodados com aquilo — inclusive vizinhos silenciosos que podem até não reclamar na polícia, mas que no íntimo já tomaram a decisão de que jamais se tornarão cristãos. Em especial, trabalhe com o baterista, procurando convencê-lo de que o alvo da bateria não é fazer barulho, mas marcar o compasso da música de maneira discreta, misturando-se com a melodia, a ponto de se tornar quase imperceptível. Esse provavelmente será o seu trabalho mais difícil. Um presbítero meu amigo quase ficou surdo com o volume do grupo de louvor.

5. Outra tarefa difícil será convencer o guitarrista principal de que o culto não é show e nem os louvores uma oportunidade para solos incríveis de guitarra. Exibições individuais da *performance* dos instrumentistas apenas chamam a atenção para eles, não para Deus. Como alternativa, sugira uma apresentação musical, num sábado à noite, quando outras bandas poderão ser convidadas para um festival gospel. E tenha cuidado para não dar a esse encontro nenhuma conotação de culto. Lá eles poderão mostrar toda a sua capacidade com a guitarra. Mas, no culto, usem os instrumentos de forma discreta, para acompanhar os cânticos.

6. Tente mostrar a eles que mandar o povo ficar em pé toda vez que assumem o microfone nem sempre fica bem. Às vezes o pastor acabou de mandar o povo sentar. Diga que deixem o povo sentado. Não vai

prejudicar em nada o louvor se o povo ficar sentado. Além disso, há idosos e pessoas doentes que não conseguem ficar 20 minutos em pé. Eles devem pensar também no pregador da noite, que além de ficar em pé durante o tempo do louvor, vai ter de ficar mais uma hora em pé, pregando. Não tem quem aguente.

7. Procure convencê-los a ocupar menos tempo da liturgia. Se conseguir, será uma grande vitória. Uma sugestão que você pode dar nesse sentido é que não repitam o mesmo cântico duas ou três vezes, como costumam fazer. Também, que cortem as "introduções", geralmente compostas de repetição de clichês e frases batidas que não dizem nada. Se você conseguir convencer o líder do grupo de que a tarefa dele é cantar e não exortar e dar testemunho, vai diminuir bastante o tempo empregado no louvor, além de poupar os ouvidos dos cristãos de ouvir besteiras e chavões que só tomam tempo mesmo.

8. Outra coisa que me ocorre: insista em que estejam preparados antes do culto. Fica muito feio e distrai o povo quando os componentes do grupo de louvor ficam afinando instrumentos, equalizando o equipamento de som, plugando e desplugando microfones e fios quando o culto já começou. Ensine-os a serem profissionais naquilo que fazem, e que nosso Deus é Deus de ordem.

9. Procure mostrar que eles não são levitas. Não temos mais levitas hoje. Todo o povo de Deus, cada cristão em particular, é um levita, um sacerdote, como o Novo Testamento ensina. É uma ideia abominável que os membros do grupo de louvor são levitas. Isso reintroduz o conceito que foi abolido na Reforma protestante de que o louvor e o acesso a Deus são prerrogativas de apenas um grupo e não de todo o povo de Deus. Resista firmemente a essas ideias erradas, que são oriundas das igrejas neopentecostais, especialmente daquelas que se fizeram em cima do movimento de louvor. Tais conceitos apenas servem para que eles se sintam mais especiais do que realmente são e, portanto, intocáveis. Procure incutir na mente deles que aquilo que eles fazem no culto não é mais louvor, nem é mais espiritual que o cântico de hinos acompanhados ao órgão ou ao piano.

10. Por fim, ore bastante para que os membros do grupo de louvor não sejam filhos de presbíteros e de famílias influentes da igreja, porque se forem, profetizo que sua missão tem grande chance de fracassar. Por mais cristãos e sérios que os presbíteros sejam, é muito difícil que contrariem sua própria família, muito menos seus filhos. Com algumas honrosas exceções, você não terá o apoio deles para reduzir, minimizar, limitar e mesmo qualificar a participação do grupo de louvor no culto. Nesse caso, restarão poucas opções. Uma delas é capitular por completo e deixar o grupo de louvor fazer o que sempre fez, suportando heroicamente, enquanto ora baixinho no culto "Deus, dá-me paciência para que eu possa suportar esse calvário durante o tempo em que fui eleito aqui". Outra opção é simplesmente pedir as contas e ir embora para outra igreja, tendo aprendido a importante lição de que a primeira pergunta que se faz ao ser convidado para ser pastor de uma igreja é essa: "Tem grupo de louvor? Os componentes são filhos dos presbíteros?".

Um velho pastor do Recife costumava se referir ao conjunto da sua igreja como "cão junto". Espero que a situação não chegue a esse ponto em sua igreja, Tadeu, mas que você encontre misericórdia da parte de Deus para que esse desafio seja vencido e sua igreja desfrute do verdadeiro louvor durante os cultos.

Um abraço!

Augustus

capítulo vinte e seis

Creio em avivamento

O termo "avivamento" tem sido usado para designar momentos específicos na história da Igreja em que Deus visitou seu povo de maneira especial, pelo Espírito, trazendo quebrantamento espiritual, arrependimento dos pecados, mudança de vidas, renovação da fé e dos compromissos com ele, de tal forma que as igrejas, assim renovadas, produziram um impacto distinto e perceptível no mundo ao seu redor. Entre os exemplos mais conhecidos está o grande avivamento acontecido na Inglaterra e Estados Unidos durante o século XVIII, associado aos nomes de George Whitefield, João Wesley e Jonathan Edwards. Há registros também de poderosos avivamentos ocorridos na Coreia, China, África do Sul. Há vários livros que trazem o histórico dos avivamentos espirituais mais conhecidos.

"Avivamento" é uma palavra muito gasta hoje. Ela está no meio evangélico há alguns séculos. As diferentes tradições empregam-na de várias formas distintas. O termo remonta ao período dos puritanos (séc. XVII), embora o fenômeno em si seja bem mais antigo, dependendo do significado com que empregarmos o termo. O período da Reforma protestante, por exemplo, pode ser considerado como um dos maiores avivamentos espirituais já ocorridos.

Há diversas obras clássicas que tratam do assunto. Elas usam a palavra "avivamento" no mesmo sentido que "reavivamento", isto é, a revivificação da religião experimental na vida de cristãos individuais ou mesmo coletivamente, em igrejas, cidades e até países inteiros.

Vários puritanos escreveram extensas obras sobre o assunto, como Robert Fleming [1630-1694], *The Fulfilling of the Scripture* [O cumprimento das Escrituras], Jonathan Edwards [1703-1758] em várias obras e um dos mais extensos e famosos, John Gillies [1712-1796], *Historical Collections Relating to Remarkable Periods of the Success of the Gospel* [Coleção de registros históricos de períodos notáveis do sucesso do Evangelho].

Mas, não foi por aí que comecei. O primeiro livro que li sobre avivamento foi *Despertamento: a ciência de um milagre*.[1] Eu era recém-convertido e o livro me foi doado por um pastor que percebeu meu interesse pelo assunto. O livro tratava do ministério de Charles Finney, que ministrou nos Estados Unidos no século XIX, e registrava eventos extraordinários que acompanhavam as suas pregações, como conversões de cidades inteiras. Além das histórias, o livro trazia extratos de obras do próprio Finney nas quais ele falava sobre avivamento. Para Finney, um reavivamento espiritual era o resultado do emprego de leis espirituais, tanto quanto uma colheita é o resultado das leis naturais que regem o plantio. Não era, portanto, um milagre, algo sobrenatural. Se os crentes se arrependerem de seus pecados, orarem e jejuarem o suficiente, então Deus necessariamente derramará seu Espírito em poder, para converter os incrédulos e santificar os crentes. Para Finney, avivamento é resultado direto do esforço dos crentes em buscá-lo. Se não vem, é porque não estamos buscando o suficiente.

As ideias de Finney marcaram o início de minha vida cristã e o início de meu pastorado. Hoje, muitos anos e muitos outros livros depois, entendo o que não poderia ter entendido à época. Finney era semipelagiano e arminiano, e muito do que ele ensinou e praticou nas reuniões de avivamento que realizou era resultado direto da sua compreensão de que o homem não nascia pecador, que era perfeitamente capaz de aceitar por si mesmo a oferta do Evangelho, sem a ajuda do Espírito Santo. As ideias de Finney sobre avivamento, principalmente

[1] Raymond Edman, São Paulo: Betânia, 1980.

o conceito de que o homem é capaz de produzir avivamento espiritual, influenciaram tremendamente setores inteiros do evangelicalismo e do pentecostalismo. Hoje, tenho outra concepção acerca do assunto.

Eu uso o termo nesse sentido. E portanto, creio que é seguro dizer que apesar de toda a agitação em torno do nome, o Brasil ainda não conheceu um verdadeiro avivamento espiritual. Depois de Finney, Billy Graham, do metodismo moderno e do pentecostalismo em geral, "avivamento" tem sido usado para designar cruzadas de evangelização, campanhas de santidade, reuniões em que se realizam curas e expulsões de demônios, pregações fervorosas. Mais recentemente, após o neopentecostalismo, avivamento é sinônimo de louvorzão, dançar no Espírito, ministração de louvor, show gospel, cair no Espírito, etc. Nesse sentido, muitos acham que está havendo um grande avivamento no Brasil. Eu não consigo concordar. Continuo orando por um avivamento no Brasil. Acho que ainda precisamos de um, pelos seguintes motivos:

1. Apesar do crescimento numérico, os evangélicos não têm feito diferença na sociedade brasileira quanto à ética, aos usos e costumes, como uma força que influencia a cultura para o bem, para melhor. Historicamente, os avivamentos espirituais foram responsáveis diretos por transformações de cidades inteiras, mudanças de leis e transformação de culturas. Durante o grande avivamento em Northampton, dois séculos atrás, bares, prostíbulos e casernas foram fechados, por falta de clientes e pela conversão dos proprietários. A Inglaterra e a Escócia foram completamente transformadas por avivamentos há 400 anos.

2. Há muito show, muita música, muito louvor, mas pouco ensino bíblico. Nunca os evangélicos louvaram e cantaram tanto a Deus e nunca foram tão analfabetos de Bíblia. Nunca houve tanto animadores de auditório e tão poucos pregadores da palavra de Deus. Quando o Espírito de Deus está agindo de fato, ele desperta o povo de Deus para a Palavra. Ele gera amor e interesse nos corações pela revelação inspirada e final de Deus. Durante os avivamentos históricos, as multidões se reuniam durante horas para ouvir a pregação da Palavra de

Deus, para ler as Escrituras, à semelhança do avivamento acontecido na época de Esdras em Israel, quando o povo de Deus se quedou em pé por horas somente ouvindo a exposição da Palavra de Deus. Não vemos nada parecido hoje. A venda de CDs e DVDs com shows gospel cresce em proporção geométrica no Brasil e ultrapassa em muito a venda de Bíblias.

3. Há muitos cânticos, louvores, suspiros, gemidos, sussurros, lágrimas, olhos fechados e mãos levantadas ao alto, mas pouco arrependimento, quebrantamento, convicção de pecado, mudança de vida e santidade. Durante um verdadeiro avivamento, os corações são quebrantados, há profunda convicção de pecado da parte dos crentes, gemidos de angústia por haverem quebrado a lei de Deus, uma profunda consciência da corrupção interior do coração, que acaba por levar os crentes a reformar sua vida, a se tornarem mais sérios em seus compromissos com Deus, a mudar realmente de vida.

4. Um avivamento promove a união dos verdadeiros crentes em torno dos pontos centrais do Evangelho. Historicamente, durante os avivamentos, diferenças foram esquecidas, brigas antigas foram postas de lado, mágoas passadas foram perdoadas. A consciência da presença de Deus era tão grande que os crentes se uniram para pregar a Palavra aos pecadores, distribuir Bíblias, socorrer os necessitados e enviar missionários. Em pleno *apartheid* na África do Sul, estive em Kwasizabantu, local onde irrompeu um grande avivamento espiritual em 1966, trazendo a conversão de milhares de zulus, tswanas e africaners. Foi ali que vi pela primeira vez na África do Sul as diferentes tribos negras de mãos dadas com os brancos, em culto e adoração ao Senhor que os havia resgatado.[2]

5. Um avivamento dissipa o nevoeiro moral cinzento em que vivem os cristãos e que lhes impede de ver com clareza o certo e o errado, e a distinguir um do outro. Durante a operação intensa do Espírito de

[2] Erlo Stegen, *Avivamento na África do Sul,* 3ª ed., São Paulo: Os Puritanos, 1996.

Deus, o pecado é visto em suas verdadeiras cores, suas consequências são seriamente avaliadas. A verdade também é reconhecida e abraçada. A diferença entre a Igreja e o mundo se torna visível. Faz alguns anos experimentei um pouco disso, numa ocasião muito especial. Durante a pregação num domingo à noite de um sermão absolutamente comum em uma grande igreja em Recife fui surpreendido pelo súbito interesse intenso das pessoas presentes pelo assunto, que era a necessidade de colocarmos nossa vida em ordem diante de Deus. Ao final da mensagem, sem que houvesse apelo ou qualquer sugestão nesse sentido, dezenas de pessoas se levantaram e vieram à frente, confessando seus pecados, confissões tremendas entrecortadas por lágrimas e soluços. O culto prolongou-se por mais algumas horas. E era um culto numa igreja presbiteriana! O clima estava saturado pela consciência da presença de Deus e os crentes não podiam fazer outra coisa senão humilhar-se diante da santidade do Senhor.

6. Um avivamento espiritual traz coragem e ousadia para que os cristãos assumam sua postura de crentes e posição firme contra o erro, levantando-se contra a tibieza, frouxidão e covardia moral que marca a nossa época.

7. Um avivamento espiritual desperta os corações dos crentes e os enche de amor pelos perdidos. Muitos dos missionários que no século passado viajaram mundo afora pregando o Evangelho foram despertados em reuniões e pregações ocorridas em tempos de avivamento espiritual. Os avivamentos ocorridos nos Estados Unidos no século XIX produziram centenas e centenas de vocações missionárias e coincide com o período das chamadas missões de fé. Em meados do século passado houve dezenas de avivamentos espirituais em colégios e universidades americanas. Há um caso que vai falar de perto aos leitores brasileiros. Ocorreu no Wheaton College, onde havia uma reunião regular de oração entre os alunos. De repente, o interesse dos alunos pela oração começou a crescer e as reuniões se multiplicaram e se alongaram, por dias a fio. Uma centena de jovens entregou sua vida a Cristo para serem missionários. Entre eles estava um jovem chamado Russell Shedd.

Não ignoro o outro lado dos avivamentos. Quando Deus começa a agir, o Diabo se alevanta com todas as suas forças. Avivamentos são sempre misturados. Há numa mescla de verdade e erro, de emoções genuínas e falsas, de conversões verdadeiras e de imitações, experiências reais com Deus e mero emocionalismo. Em alguns casos, houve rachas, divisões e brigas. Todavia, pesadas todas as coisas, creio que um avivamento ainda vale a pena.

Ao contrário de Finney, não creio que um avivamento possa ser produzido. No entanto, junto com Lloyd-Jones, Spurgeon, Nettleton, Whitefield e os puritanos, acredito que posso clamar a Deus por um, humilhar-me diante dele e pedir que ele comece em mim. Foi isso que fizeram os homens presbiterianos da Coreia em 1906, durante uma longa e grave crise espiritual na Igreja Coreana. Durante uma semana se reuniram para orar, confessar seus pecados, se reconciliarem uns com os outros e com Deus. Durante aquela semana Deus o atendeu e começou o grande avivamento coreano, provocando milhares e milhares de conversões genuínas meses a fio, e dando início ao crescimento espantoso dos evangélicos na Coreia.

Só lamento em tudo isso que os abusos para com o termo "avivamento" tenham levado os reformados a falar pouco desse tema. E pior, a orar pouco por ele.

capítulo vinte e sete

Por que as igrejas neopentecostais não cresceram como eles queriam

Não estou falando dos pentecostais clássicos e dos neopentecostais que têm suas próprias denominações e igrejas, as quais, geralmente, são numerosas e grandes. Os neopentecostais a que me refiro nesse capítulo são os pastores de igrejas e denominações tradicionais e conservadoras que adotaram ideias e práticas típicas do movimento neopentecostal, na expectativa de verem crescer numericamente as igrejas que pastoreiam. Na minha observação, isso não tem acontecido. As igrejas deles permaneceram do mesmo tamanho de antes, ou mostraram um crescimento pequeno, em pouco ou em nada se sobressaindo às igrejas dos pastores conservadores dentro da denominação.

Eu não sei quantos deles existem nas denominações históricas, como a presbiteriana, luterana, metodista, episcopal e batista, por exemplo. Acredito que são muitos. Eles permanecem filiados a essas denominações, estão ligados aos seus concílios, mas abraçam ideias e práticas dos neopentecostais, as quais são geralmente distintas daquelas que suas denominações, pelo menos oficialmente, aceitam. Como eu sou presbiteriano, vou me concentrar especificamente na minha própria denominação.

Acredito que alguns deles, quando entraram em igrejas presbiterianas, já tinham convicções neopentecostais. Por falta de maior cuidado no processo de formação pastoral e na ordenação ou consagração ao ministério da Palavra, eles se tornaram normalmente pastores e obreiros e tão logo assumiram uma igreja passaram à missão de "neopentecostalizá-la". Mais uma vez, nada contra os neopentecostais. Desde que eles permaneçam em suas próprias denominações e igrejas.

Outros, viraram neopentecostais já dentro das igrejas históricas movidos pela pressão de fazer sua igreja crescer. A lógica é simples: os neopentecostais estão crescendo muito no Brasil. O que eles têm que eu não tenho? Qual a causa desse crescimento? Em que eles acreditam e o que praticam? E a resposta parece simples: batismo com fogo, batalha espiritual, expulsão de demônios, sinais e prodígios, unção com óleo, teologia da prosperidade, danças litúrgicas, coreografias, cultos de descarrego, quebra de maldições, línguas, profecias e visões, e por aí vai.

Assim, muitos pastores, líderes e obreiros presbiterianos e de outras denominações históricas resolveram adotar esse cardápio, ou parte dele, na expectativa de que fazer a sua igreja crescer, exatamente como crescem as igrejas dos neopentecostais.

Contudo, salvo melhor juízo da minha parte, as igrejas de pastores neopentecostais dentro de denominações históricas e conservadoras, particularmente a presbiteriana, não são muito diferentes em tamanho, força, pujança e alcance do que as outras da mesma denominação. São igrejas que têm, em média, 150 a 300 membros — como as conservadoras. Conheço pastores presbiterianos que jejuam, profetizam, falam em línguas, pregam batismo com fogo e teologia da prosperidade, expulsam demônios, quebram maldições e decretam a bênção, mas cujas igrejas são pequenas, exatamente como aquelas dos conservadores. Não chegam nem perto do tamanho das igrejas dos verdadeiros neopentecostais que eles querem imitar.

Não quero generalizar. Para ser justo, existem pastores presbiterianos neopentecostais que fazem tudo isso e têm, realmente, igrejas grandes. São muito poucos, todavia, e duvido que o tamanho da igreja deles seja resultado da implantação de práticas neopentecostais. Parece-me mais fruto do carisma pessoal desses pastores. As igrejas deles cresceriam de qualquer jeito, mesmo se eles fossem conservadores.

E mesmo grandes, essas igrejas não são maiores do que as de outros pastores da mesma denominação que são conservadores, com delegação de atividades e que se preocupam com a doutrina e o crescimento espiritual do rebanho.

Creio que existem vários motivos para esse fracasso dos pastores neopentecostais dentro das igrejas históricas. Não estou duvidando ou questionando a integridade, santidade e honestidade deles — somente esse ponto específico do crescimento de suas igrejas.

1) Por causa do treinamento e da teologia conservadora que tiveram nos seminários, não conseguem se liberar totalmente da carga e da herança tradicional e acabam sendo apenas pastores neopentecostais meia-boca. Neopentecostal mesmo, como um pastor do Mato Grosso, tem visão de galinhas falando em línguas e de galo interpretando. Pastor neopentecostal de verdade se sente livre para usar sal grosso e ramo de arruda e plantar bananeira no culto se sentir vontade. Mas, os neopentecostais das igrejas históricas não conseguem ir até as últimas consequências. E aí vem o problema — sempre haverá pastores mais neopentecostais do que eles, atrás de quem o seu povo vai. Conheço o caso de um pastor desses que introduziu um meio-pentecostalismo em sua igreja, abriu o apetite do povo, e em breve, uma grande parte da igreja saiu para outra igreja, dessa feita neopentecostal de verdade, onde o "fogo" e a "unção" eram maiores. No fim, esses pastores não são nem presbiterianos e nem neopentecostais, e acabam sem agradar nem a um lado e nem a outro. Suas igrejas permanecem bem menores do que as igrejas neopentecostais de verdade e do mesmo tamanho de igrejas conservadoras.

2) Outra razão é que pastores neopentecostais dentro das denominações históricas e conservadoras estão sujeitos à supervisão dos concílios. Nas igrejas neopentecostais os pastores são líderes incontestes. São apóstolos, bispos, fundadores e donos. Eles podem fazer o que quiserem e não prestam contas a ninguém. Já, por exemplo, os presbiterianos que são neopentecostais não têm metade dessa liberdade. Eles têm de prestar contas aos demais pastores nos presbitérios

e podem ser mandados embora de suas igrejas se exagerarem na dose de neopentecostalismo. Apóstolos podem exportar dólares dentro da Bíblia e ainda continuar sendo donos de suas igrejas. Eles podem alegar que passaram a noite batendo papo com Jesus, cara a cara, e ainda permanecerão em sua posição. Eles podem profetizar à vontade sem que nada do que disseram aconteça e fica por isso mesmo. Mas, os neopentecosterianos não têm essa imunidade eclesiástica. É por esse motivo que eles, de vez em quando, saem da denominação e fundam comunidades independentes, na tentativa de poderem fazer o que quiserem em termos de neopentecostalismo. Pelo que tenho observado, algumas dessas comunidades crescem, outras não. E as que crescem, ainda assim, raramente chegam ao menos perto das igrejas neopentecostais.

3) A verdade é que pastores neopentecostais dentro de denominações históricas e tradicionais serão sempre uma imitação pobre dos verdadeiros neopentecostais e não podem concorrer com eles. Os neopentecostais são muito mais experientes e profissionais em encher seus templos e movimentar as massas. Os nossos neopentecostais são meros aprendizes. Ao mesmo tempo em que digo isso, preciso ser justo. Com certeza existem pastores neopentecostais dentro das denominações históricas que são o que são por convicções pessoais, e não por mero desejo de ver sua igreja crescer. O que eu espero é que a realidade dos fatos (o não crescimento de suas próprias igrejas) produza alguma reflexão quanto a essas convicções.

4) O histórico de divisões, confusão e brigas nas igrejas neopentecostais dentro das denominações tradicionais nos aponta para outro fator que impede o crescimento das mesmas. Como os pastores neopentecostais estão tentando transformar igrejas que eram tradicionais em igrejas neopentecostais, vão encontrar resistência da parte de alguns, líderes e membros, que ainda acreditam que ser conservador é a melhor postura. Aí vêm as brigas internas, as divisões e as confusões, que cobram sempre um pedágio elevado no rol de membros. Muita gente sai dessas igrejas neopentecostalizadas por discordar das

novidades que seus pastores estão sempre trazendo, algumas chegando às raias do absurdo.

5) Apesar dos pastores neopentecostais jejuarem, orarem noite afora em cima do monte, decretarem o avivamento e a cura dos doentes, serem batizados com fogo, amarrarem e expelirem todos os demônios e Satanás inclusive, na prática, isso faz pouca diferença em suas igrejas. O número continua o mesmo, e a cada domingo é a mesma rotina de sempre. Nada realmente extraordinário acontece. Expelir demônios, dançar, cair no chão todo domingo, acaba virando rotina exatamente como a rotina das igrejas conservadoras. No fundo, muitos neopentecostais dentro das igrejas conservadoras lutam contra a cruel realidade dos fatos: não está dando certo, não está funcionando, a igreja não está crescendo. E o que acontece com os outros pastores que não são neopentecostais acontece com eles também: adultério, roubo, abuso de poder, e igrejas pequenas. E aí vêm as racionalizações e as justificativas: a culpa é dos conservadores incrédulos dentro da igreja, que impedem o fluir da ação do Espírito. A culpa é da máquina burocrática, da instituição pesada da denominação. Ou então, a culpa é do Diabo.

Resta, agora, a inquietante pergunta: por que esses pastores neopentecostais ainda permanecem dentro das denominações tradicionais e não se desligam dela? Posso pensar em algumas razões. Quem sabe, gostam do prestígio da estrutura; gostam da auréola da rebeldia; gostam da sensação de superioridade espiritual que os envolve, principalmente quando comparados a alguns conservadores lamentáveis cujas igrejas são realmente minúsculas; se alimentam da organização denominacional — de seus seminários, institutos bíblicos, comissões, etc.; são apegados à propriedade (prédios e terrenos); alguns poucos, talvez permaneçam sinceramente, tentando "converter" a denominação de sua frieza e ênfase em doutrina e teologia. Há certamente ainda outras razões.

Quaisquer que sejam essas razões, a verdade permanece: não funcionou como eles pensavam que funcionaria. No fundo, a causa maior é simples. Neopentecostalismo não é sinônimo de verdadeiro avivamento espiritual. Crescimento de igrejas por conversão de pecadores não é como receita de bolo, que basta a gente achar os ingredientes e misturá-los na proporção correta. Há igrejas conservadoras que crescem mais que as neopentecostais dentro das denominações históricas. Um pastor presbiteriano pode fazer tudo o que os neopentecostais fazem e ainda assim poderá não ver sua igreja aumentar de tamanho. Ao contrário, pode inclusive fazê-la diminuir, como tem sido alguns casos, pela divisão. É a Palavra de Deus, anunciada fielmente no poder do Espírito, por pastores e líderes com motivações corretas, que fará a Igreja crescer. Sem isso, poderemos gemer, clamar, decretar e profetizar até o fim do milênio, e a igreja vai continuar minúscula. Inclusive, a dos presbiterianos neopentecostais.

capítulo vinte e oito

Carta a um pastor pentecostal que virou reformado[1]

Meu caro Fernando,

Fiquei muito feliz em saber que você vem se fortalecendo mais e mais nas doutrinas da Reforma. Lembro-me bem das suas interrogações e de seus conflitos quando você começou a ler Martin Lloyd-Jones, Charles Spurgeon e outros autores reformados e se deparou com a visão reformada de mundo e com as doutrinas da soberania de Deus, da graça absoluta e da nossa profunda depravação. Quantas perguntas e quantas interrogações! Pelo que entendi da sua carta, esse período inicial de conflito interior e de "arrumação" da mente já passou e agora você enfrenta uma outra fase, que é o antagonismo de colegas pastores da sua denominação e de membros da sua igreja para com o novo conteúdo das suas pregações e do seu ensino.

Você me perguntou se temos espaço em nossa igreja para pastores como você, que é pentecostal e que recentemente encontrou as doutrinas reformadas. Estou vendo essa possibilidade com alguns outros colegas pastores, mas eu pessoalmente não creio que a solução seria você sair de sua igreja e passar para uma reformada. Creio que você deveria tentar ficar onde está o máximo de tempo que puder. Os reformadores, como Lutero, a princípio não pretendiam sair da

[1] Embora a situação e o destinatário dessa carta sejam fictícios, ela se baseia em fatos reais.

Igreja Católica, mas ficar e reformá-la de dentro para fora. Somente após algum tempo é que ficou claro que isso era impossível. No caso de Lutero, o papa se encarregou de expulsá-lo com a excomunhão. Seu caso é diferente, pois é um absurdo comparar a situação de um reformado dentro da Igreja Católica com a situação de um reformado dentro de uma igreja pentecostal. Portanto, minha sugestão é que você permaneça o máximo que puder, só saia se for obrigado a isso. Deixe-me dar alguns conselhos nessa direção.

1. Mantenha sempre em mente que apesar das diferenças que existem em doutrinas e práticas (nem sempre discutidas de maneira cristã), os reformados no Brasil sempre reconheceram os pentecostais históricos como genuínos irmãos em Cristo. Nós chegamos ao Brasil primeiro. Vocês vieram depois. É verdade que a princípio houve relutância em reconhecê-los como evangélicos por causa da estranheza com as práticas e doutrinas pentecostais, mas apesar delas eventualmente vieram a ser reconhecidos como irmãos dentro da fraternidade evangélica.

2. Existem muitos pontos de convergência entre os reformados e os pentecostais. Além dos pontos fundamentais contidos, por exemplo, no Credo Apostólico, compartilhamos com eles ainda o apreço pelas Escrituras, o reconhecimento da necessidade de uma vida santa, a busca da glória de Deus, o desejo de um legítimo avivamento espiritual e o zelo pela doutrina. Nesses pontos e em outros, pentecostais e reformados sempre se alinharam contra liberais e libertinos. Tente se concentrar nesses pontos comuns nas suas pregações e no seu ensino.

3. Enquanto permanecer em sua igreja, responda sempre com mansidão e humildade aos que questionarem as "novas doutrinas" que você agora professa. Diga que as doutrinas ensinadas pelos reformados são muito mais antigas que a própria Reforma e que remontam ao ensino de Jesus e dos apóstolos. Elas têm sido adotadas e ensinadas por pastores e pregadores de todos os continentes e de muitas denominações diferentes. Elas serviram de base para o surgimento da democracia, da visão social, das universidades e da ciência moderna, e vêm abençoando a vida de milhões de pessoas ao redor do mundo. Naturalmente, o

que vai realmente fazer a diferença em sua resposta é sua habilidade de mostrar biblicamente que você não está abraçando nenhuma heresia ou doutrina nova. Para isso, é necessário que você estude as Escrituras e que se familiarize com sua mensagem, especialmente com as passagens e porções que tratam mais diretamente das doutrinas características da Reforma.

4. Evite dar a falsa impressão de que ser reformado é cantar somente salmos sem instrumentos musicais, não ter corais nem grupos de louvor, proibir as mulheres de orar em público e não levantar as mãos ou bater palmas no culto. Concentre-se nos pontos essenciais, como a soberania de Deus, a sua graça absoluta na salvação de pecadores, a depravação total e a inabilidade do homem voltar-se para Deus por si mesmo, a necessidade de conversão e arrependimento e a centralidade das Escrituras na experiência cristã.

5. Quando chegar ao tema do livre-arbítrio, escolha com cuidado as palavras. Você sabe que a posição reformada clássica é de que a soberania de Deus e a responsabilidade humana são duas verdades igualmente ensinadas na Bíblia, muito embora não saibamos como elas se reconciliam logicamente. Deixe claro que você em momento algum está anulando a responsabilidade do homem para com as decisões que ele toma, e que, quando ele toma essas decisões, o faz porque deseja. Ele é, portanto, responsável pelo que faz e pelo que escolhe, mesmo que, ao final, o plano de Deus sempre prevalecerá e será realizado. Não tente resolver o mistério dessa equação. Seja humilde o suficiente para dizer que você reconhece o aparente paradoxo dessa posição e que não consegue eliminar nenhum dos seus dois pontos. Mantê-los juntos em permanente tensão é o caminho da Reforma, e um caminho que muitos pentecostais vão entender e apreciar. O que eles receiam é que se acabe por eliminar a responsabilidade do homem e reduzi-lo a um mero autômato. Deixe claro que não é isso que os reformados defendem.

6. Creio que será muito útil você estar familiarizado com as experiências espirituais vividas por John Flavel, Lloyd-Jones, Jonathan

Edwards, David Brainerd, George Whitefield e muitos outros reformados. Os reformados e particularmente os puritanos deram grande ênfase à religião experimental, isto é, ao fato de que os cristãos deveriam ter profundas experiências com Deus. Nossos irmãos pentecostais apreciam essa ênfase, pois o surgimento do pentecostalismo, entre outros fatores, foi uma reação contra a frieza e a formalidade de muitas igrejas históricas do início do século XX nos Estados Unidos e Europa.

7. Tente ainda mostrar que as doutrinas da graça, aquelas da Reforma, são as que mais tendem a glorificar a Deus, visto que exaltam a sua soberania e humilham o homem, colocando-o no devido lugar. Todo cristão genuíno tem anseios de dar a glória a Deus e de vê-lo exaltado. Nossos irmãos pentecostais buscam a glória de Deus, e quando entendem que as doutrinas da graça tendem a exaltá-lo mais que outras, passam a ter uma atitude de reflexão e abertura para com elas.

8. Outro conselho. Pregue a Palavra, exponha as Escrituras com fidelidade. Ao fazer isso, você estará pregando as grandes doutrinas da graça em vez da Reforma. Evite citar autores reformados o tempo todo. Muitos pregadores reformados estragaram seu ministério porque dão a impressão de que conhecem Lutero, Calvino, Spurgeon e os puritanos mais do que conhecem o apóstolo Paulo, pela quantidade de citações de autores reformados em seus sermões. Evite clichês evangélicos e reformados. Pregue a Palavra e deixe que seus ouvintes concluam que as doutrinas reformadas são, na realidade, bíblicas.

9. Não estou dizendo que você deve "esconder o jogo" para evitar ser colocado para fora de sua igreja. Faz parte da integridade e da honestidade cristãs assumirmos o que pensamos. Assuma sua posição, mas de modo inteligente e sábio, de forma que muitos entendam a mudança que ocorreu em você. Em contrapartida, evite a síndrome de mártir. Eu pessoalmente detesto essa atitude que por vezes alguns reformados adotam quando estão em minoria e sofrendo resistência. Se ao final não tiver jeito e você tiver mesmo de sair da sua igreja, saia com dignidade, sem atirar nem acusar pessoas.

10. Não veja as perseguições que você tem sofrido dentro de sua igreja como algo pessoal, mas como a reação de irmãos sinceros do outro lado de um conflito que já dura séculos dentro da igreja cristã, que é aquele entre semipelagianos-erasmianos-arminianos, de um lado, e agostinianos-calvinistas-puritanos, de outro. Lembre que em ambos os lados há crentes verdadeiros e sinceros.

Por fim, existem já no Brasil várias igrejas pentecostais-reformadas, pequenas, é verdade, ainda nascentes. Mas, mesmo não sendo pentecostal, profetizo que esse movimento pode crescer muito no Brasil. Muitas igrejas históricas já são pós-reformadas e é muito triste ver o esquecimento das suas heranças e como vai ficando cada vez mais difícil um retorno verdadeiro. Quem sabe os pentecostais não estejam predestinados a avançar bastante a teologia da Reforma no Brasil?

Fique em paz. Um abraço do seu irmão e amigo,

Augustus

Fundamentalistas, reformados e puritanos

sexta parte

capítulo vinte e nove

Fundamentalistas e liberais

O inimigo declarado dos liberais, neo-ortodoxos, libertinos e neopentecostais sempre foi o fundamentalismo teológico. À semelhança de outros rótulos nos meios evangélicos, "fundamentalismo" também é mal compreendido e mal-empregado. É esse o rótulo preferido por alguns para se referir a quem adere com firmeza a determinadas doutrinas que são consideradas antigas e ultrapassadas. Nada mais natural do que procurar esclarecer o assunto. Acho que o primeiro passo é tratar dos vários tipos de fundamentalistas cristãos.

O *fundamentalista cristão histórico* não existe mais. Existiu no início do século XX, durante o conflito contra o liberalismo teológico que invadiu e tomou várias denominações e seminários nos Estados Unidos. J. G. Machen, John Murray, B. B. Warfield, R. A. Torrey, Campbell Morgan, e mais tarde Cornelius Van Til e Francis Schaeffer, são exemplos de fundamentalistas históricos.

O fundamentalista americano ainda existe, mas perdeu muito de sua força. Embora tenha surgido ao mesmo tempo que o histórico, separou-se dele quando adotou uma escatologia dispensacionalista, aliou-se à agenda política dos republicanos dos Estados Unidos, exerceu uma militância belicosa contra tudo o que considerasse inimigo da fé cristã, como o comunismo, o ecumenismo, o liberalismo, a ciência moderna e o próprio evangelicalismo. Defendia e praticava o separatismo institucional de tudo e todos que estivessem ligados direta ou indiretamente a esses inimigos.

A bem da verdade, diga-se que o fundamentalismo histórico, depois de sua primeira fase em que reagiu contra a cultura, aculturou-se. Os fundamentalistas passaram a usar a mídia, a tecnologia e tudo a seu alcance para divulgar suas ideias. Um exemplo de fundamentalista americano moderno é Pat Robertson: usa tudo o que a tecnologia moderna oferece, está por dentro de todos os assuntos da cultura americana, inclusive dos assuntos políticos, e fala sobre tudo. Recentemente faleceu o que pode ter sido o último grande representante desse gênero de fundamentalista, o famigerado Carl McIntire. Alguns consideram que Pat Robertson é seu sucessor, embora haja muitas diferenças entre eles.

O *fundamentalista denominacional* é aquele membro de denominações que se consideram oficialmente fundamentalistas e que até trazem o rótulo na designação oficial. Após um período de grande florescimento no Brasil, especialmente no Nordeste e em São Paulo, as igrejas fundamentalistas, presbiteriana e batista, sofreram uma grande diminuição em suas fileiras. Grande parte das igrejas fundamentalistas presbiterianas regressaram mais recentemente à Igreja Presbiteriana do Brasil, de onde saíram na década de 1950. Em alguns casos, o fundamentalismo denominacional do Brasil foi marcado por laços financeiros e ideológicos com Carl McIntire. Hoje, até onde eu sei, não há mais esse laço. No Brasil, o fundamentalismo denominacional que restou desenvolveu uma síndrome de conspiração mundial para o surgimento do reino do Anticristo através do ocultismo, da tecnologia, da mídia, dos eventos mundiais, das superpotências. Acrescente-se ainda o desenvolvimento de uma mentalidade de censura e apego a itens periféricos como se fossem o cerne do evangelho e critério de ortodoxia: como se, por exemplo, só fosse bíblico e conservador quem usa versões da Bíblia baseadas no Texto Majoritário, quem não assiste aos desenhos da Disney e não lê Harry Potter.

O *fundamentalista xiita* é o "dono da verdade" que encarna a intransigência, a inflexibilidade e o patrulhamento teológico. Esse tipo tem mais a ver com atitude do que com teologia. Nesse caso, é melhor inverter a ordem e chamá-lo de xiita fundamentalista. Xiitas podem ser encontrados em qualquer dos campos protestantes. A propalada tolerância de liberais, neoliberais e libertinos é mito. Há xiitas liberais, neoliberais, neo-ortodoxos, libertinos e obviamente, xiitas fundamentalistas. Teoricamente, alguém poderia ser um fundamentalista histórico e denominacional e ainda não ser um xiita.

Por fim, o *fundamentalista teológico*, um outro sentido em que o termo é muito usado. O fundamentalista teológico se considera seguidor teológico dos fundamentalistas históricos e simpatiza com a luta deles. Sem pretender ser exaustivo, acredito que são considerados fundamentalistas teológicos atualmente os que aderem aos seguintes conceitos ou a parte deles: a inerrância da Bíblia (veja o capítulo sobre esse assunto), a divindade de Cristo, o seu nascimento virginal, a realidade e historicidade dos milagres narrados na Bíblia, a morte propiciatória de Cristo, sua ressurreição física dentre os mortos, seu retorno público e visível a este mundo, a crença na existência de verdades teológicas absolutas, o conceito de que Deus se revelou de forma proposicional, uma posição conservadora em assuntos como aborto, homossexualismo e eutanásia e a aceitação dos credos e confissões da Igreja Cristã.

Em linhas gerais, o fundamentalista teológico acredita que a verdade revelada por Deus na Bíblia não evolui, não cresce e nem muda. Permanece a mesma através dos séculos. A nossa compreensão dessa verdade pode mudar com o tempo; contudo, essa evolução nunca chega ao ponto radical em que verdades antigas sejam totalmente descartadas e substituídas por novas verdades que inclusive contradigam as primeiras. O fundamentalista teológico reconhece que erros, exageros e absurdos tendem a ser incorporados através da história na teologia cristã e que o alvo da Igreja é sempre reformar-se à luz dos fundamentos da fé cristã bíblica, expurgando esses erros e assimilando o que for bom. Admite também que existe uma continuidade teológica válida entre o sistema doutrinário exposto na Bíblia e a fé que abraça hoje.

É onde reside, creio, a grande diferença entre o fundamentalista teológico e o neoliberal. Esse último acredita na evolução da verdade a ponto de sentir-se comissionado a reinventar a Igreja e escrever novas confissões de fé.

Muitos me chamam de fundamentalista. Bom, não posso ser fundamentalista histórico, pois nasci muito depois da luta de Machen. Contudo, sou fã dele, que era um perito em Novo Testamento. Não sou um fundamentalista americano, pois sou brasileiro, nunca recebi um tostão de McIntire e sou amilenista. Aliás, nem conheci McIntire pessoalmente. Fui fundamentalista denominacional por decisão dos meus pais quando eu tinha doze anos. Saí da denominação fundamentalista após a entrada no ministério pastoral. Também não me acho xiita. Há controvérsia sobre isso, eu sei.

Na categoria de fundamentalistas teológicos encontramos presbiterianos, batistas, congregacionais, pentecostais, episcopais e provavelmente muitos outros. É claro que nem todos subscrevem todos os pontos acima e ainda outros gostariam de qualificar melhor sua subscrição. Contudo, no geral, acho que posso dizer que os fundamentalistas teológicos não fariam feio numa pesquisa de opinião sobre o que creem os evangélicos brasileiros. Por esse motivo, e por achar que o assim chamado fundamentalismo teológico é simplesmente outro nome para a fé cristã histórica, não fico envergonhado quando me rotulam dessa forma, embora prefira o termo calvinista ou reformado.

capítulo trinta

Puritanos, puritânicos e neopuritanos

À semelhança de outros rótulos que rolam pelo meio evangélico, *puritano* é um dos mais mal compreendidos, usado preferencial e eficazmente para destruir a reputação de alguém. O termo tem forte conotação pejorativa. Um puritano é visto como alguém de moralidade falsa ou hipócrita, e, por mais que os simpatizantes dos antigos puritanos tentem passar uma imagem positiva a respeito deles, a mancha negativa (e injusta) permanece.

Os puritanos viveram entre o século XVI e XVIII. Eram membros de igrejas e ministros ordenados da Igreja da Inglaterra e das igrejas presbiterianas, batistas e congregacionais. O apelido "puritanos" foi colocado por seus inimigos, para ironizar o ideal de pureza que defendiam. O puritanismo não era uma denominação, mas um movimento dentro da Igreja da Inglaterra e das igrejas independentes, que desejava maior pureza na igreja, no estado e na sociedade. Queriam que a Reforma, iniciada antes, fosse completa. Acusavam que a igreja inglesa havia parado entre Roma e Genebra. Estavam insatisfeitos porque ela havia se reformado apenas parcialmente, conservando ainda muitos elementos do catolicismo que consideravam contrários às Escrituras.

Os puritanos escreveram e produziram muito material teológico. Foram eles os responsáveis pela famosa Confissão de Fé de Westminster, que até hoje é a confissão de fé de igrejas presbiterianas, além de dois catecismos e um diretório para o culto. A firmeza com que defendiam suas convicções, o rigor teológico e exegético de suas obras, o modo de vida frugal, austero e simples que defendiam, tudo isso lhes valeu uma reputação de gente inflexível, sisuda, pudica e obtusa, especialmente depois que caíram em desgraça política na Inglaterra e se desviaram para uma religião legalista e introspectiva após o período de Cromwell, desembocando no não conformismo.

O movimento puritano foi um momento importante na história da Igreja. Sua teologia permanece viva nos documentos históricos de denominações reformadas e na vasta literatura deixadas pelos pastores puritanos. Charles Spurgeon e Martyn Lloyd-Jones são considerados, entre outros, como últimos remanescentes do que havia de melhor no puritanismo. Em nossos dias, todavia, um interesse crescente pela teologia puritana, sua piedade, devoção e espiritualidade tem crescido cada vez mais, não somente no Brasil, como especialmente no exterior. Uma editora inglesa, a *Banner of Truth Trust,* tem sido a responsável pela reimpressão de obras de puritanos famosos como John Owen, John Flavel e Jonathan Edwards. Muitas delas têm sido traduzidas e publicadas no Brasil. Além disso, autores modernos têm se colocado dentro da tradição puritana, como J.I. Packer, R.C. Sproul, John MacArthur, John Piper, entre outros.[1]

O termo *puritânicos,* por sua vez, foi usado algumas vezes aqui no Brasil para estigmatizar quem segue hoje a teologia puritana de Westminster e quem se recusa a aceitar a pluralidade teológica e o inclusivismo acrítico nas instituições reformadas de teologia. Os "puritânicos" foram também chamados de xiitas na mesma linha de Carl McIntire, aquele famigerado fundamentalista. Pode-se inferir que o termo realmente visava marcar negativamente um determinado segmento dentro da igreja evangélica como intransigente e obscurantista. Um pastor escreveu-me há pouco tempo:

[1] Cf. os seguintes livros sobre a vida, obra e escritos dos puritanos: J. I. Packer, *Entre os gigantes de Deus: uma visão puritana da vida cristã,* São José dos Campos: Fiel, 1996; D. Martyn Lloyd-Jones, *Os puritanos: suas origens e sucessores,* São Paulo: Publicações Evangélicas Selecionadas, 1993; Christopher Hill, *O eleito de Deus: Oliver Cromwell e a Revolução Inglesa,* São Paulo: Companhia das Letras, 1990; Leland Ryken, *Santos no mundo: os puritanos como eles realmente eram,* São José dos Campos: Fiel, 1992.

É triste perceber que existe uma antipatia ao termo puritano até mesmo dentro dos círculos denominacionais de origem puritana. De duas, uma: ou não conhecem a sua própria história (que vergonha), ou a conhecem e a desprezam e a negam (vergonha maior ainda).

O termo *neopuritanos* no exterior, especialmente na Inglaterra, tem sido usado em nossos dias para identificar um movimento crescente ligado a um comportamento ético de "não conformismo" com relação ao consumismo do mundo atual e político, defendendo de certa forma uma intervenção maior do estado na vida da população, chegando até mesmo em seus costumes mais primários. No Brasil, todavia, tem sido usado nos círculos evangélicos para designar os adeptos da teologia puritana no Brasil que passaram a usar determinadas doutrinas e práticas como identificadoras dos verdadeiros reformados. Entre elas estão o cântico exclusivo de salmos sem instrumentos musicais no culto, o silêncio total das mulheres no culto, a defesa do cessacionismo com base em 1Coríntios 13:8 (posição contrária à de Calvino), um entendimento e uma aplicação estreitos do princípio regulador do culto e outros distintivos semelhantes. Essas posições acabaram isolando os adeptos dessa linha do movimento de outros reformados que adotam a teologia de Westminster, mas que discordam de que os pontos acima façam parte da essência da fé reformada ou mesmo do puritanismo.

Infelizmente, tanto a rotulação "puritânicos" como os posicionamentos de alguns neopuritanos — a maneira agressiva com que alguns deles às vezes defendem suas ideias — acabam sendo associados à renitente conotação pejorativa que o nome "puritanos" já carrega. Junte-se a isso a ignorância crassa das massas evangélicas sobre o que realmente foi o puritanismo. Ao final, tem-se uma rejeição generalizada da teologia e da piedade puritana em nossos dias. Digo infelizmente, pois acredito que os puritanos foram teólogos de grande envergadura, os verdadeiros intérpretes do pensamento de Calvino e um dos poucos grupos reformados a dar ênfase ao lado prático desse pensamento. Lamento também porque a espiritualidade deles e sua ênfase na religião prática seria um excelente corretivo para os que buscam espiritualidade nos místicos católicos da Idade Média. Um pastor batista reformado, amigo meu, comentou: "A questão é que tem muito pastor evangélico e cristão que troca a espiritualidade e a piedade puritanas por outros estilos de espiritualidade mística medieval ou até mesmo oriental". De fato, é preocupante quando se busca subsídios para a espiritualidade numa fonte turva que é a teologia medieval, enquanto das águas mais cristalinas da Reforma não se quer beber.

Não creio que caiba, na realidade multicultural brasileira do século XXI, o transplante do puritanismo da Escócia e da Inglaterra dos séculos XVI e XVII com todos os seus detalhes, alguns com um contexto histórico muito marcante. Porém, acredito que se possa resgatar, com os devidos cuidados, sua teologia e sua piedade, se todos os que amam a teologia de Westminster e das outras confissões igualmente influenciadas pelo puritanismo deixassem de lado as idiossincrasias puritanas dos séculos passados e se concentrassem naquilo que é central no puritanismo: a busca da pureza individual, do culto, na família, na sociedade, na igreja e no estado. Talvez ainda haja esperança para que a teologia puritana sobreviva dentro das igrejas que são historicamente suas herdeiras, e não somente entre os irmãos pentecostais, que mais e mais estão descobrindo e abraçando as obras de Matthew Henry, John Gill, John Owen, Jonathan Edwards, C. H. Spurgeon, J. I. Packer, D-M. Lloyd-Jones e John MacArthur.

Para concluir, cito um parágrafo de C. S. Lewis sobre os puritanos. Gosto de pensar neles desta forma:

> Devemos imaginar esses puritanos como o extremo oposto daqueles que se dizem puritanos hoje, imaginemo-los jovens, intensamente fortes, intelectuais, progressistas, muito atuais. Eles não eram avessos a bebidas com álcool; mesmo à cerveja, mas os bispos eram a sua aversão. Puritanos fumavam (na época não sabiam dos efeitos danosos do fumo), bebiam (com moderação), caçavam, praticavam esportes, usavam roupas coloridas, faziam amor com suas esposas, tudo isto para a glória de Deus, o qual

os colocou em posição de liberdade. (...) [Os primeiros puritanos eram] jovens, vorazes, intelectuais progressistas, muito elegantes e atualizados ... [e] ... não havia animosidade entre os puritanos e humanistas. Eles eram frequentemente as mesmas pessoas, e quase sempre o mesmo tipo de pessoa: os jovens no movimento, os impacientes progressistas exigindo uma "limpeza purificadora".[2]

[2] Citação de Douglas WILSON, "O puritano liberado", *Jornal Os Puritanos*, 5 jan. 1997, p. 16.

capítulo trinta e um

Sempre reformando ou sempre mudando?

Sempre transitei ao lado de gente de outras persuasões. Meu orientador na Universidade Reformada da Holanda, professor assistente do famoso Herman Ridderbos, tornou-se de tal modo liberal a ponto de propor à Igreja Reformada Holandesa que abjurasse a doutrina da expiação e adotasse a ideia de que Cristo morreu apenas para nos servir de exemplo.

Em 1994 estive na Suíça para visitar a sede da Igreja Evangélica Suíça, igreja histórica, dentro da linha zwingliana da Reforma protestante. Essa igreja, desde o século passado, abandonou a Segunda Confissão Helvética (zwingliana mas de influência calvinista) e depois o próprio Credo Apostólico. Meu cicerone foi um pastor, pessoa boníssima, culto e extremamente atencioso. Depois de algumas conversas, ele já me considerava um fundamentalista, por causa da minha aderência à infalibilidade da Bíblia, e eu o considerava um liberal, por ter abandonado os referenciais do cristianismo histórico, inclusive a Bíblia como única regra de fé e prática. Contudo, sempre nos tratamos com respeito durante o tempo em que ele foi meu cicerone por uma semana na Suíça.

O curioso é que tanto eu quanto ele nos considerávamos *reformados*, herdeiros da tradição representada pelos quatro vultos esculpidos na famosa parede da Reforma, onde juntos tiramos um foto que guardo em meus arquivos. São eles Farel, Calvino, Beza e Knox.

A tradição reformada não é uniforme e monolítica. Dentro dela há várias correntes reivindicando o direito à herança de Calvino. Desde neo-ortodoxos e neoliberais, até neopuritanos, diversos grupos disputam entre si o direito à primogenitura do pregador de Genebra. Neo-ortodoxos e neoliberais se entendem como reformados legítimos porque acreditam que o âmago da Reforma foi *o ecclesia reformata semper reformanda est*. Ou seja, ser reformado é sempre mudar e progredir, avançar, quebrar paradigmas e criar tudo de novo a cada geração. Para mim, ser reformado tem a ver mais com conteúdo que forma. Reformado é aquele que abraça a doutrina da Reforma.

Não preciso dizer que acredito que verdadeiros reformados estão sempre abertos para mudar, desde que essa mudança implique abandonar crenças e práticas erradas e adotar outras mais de acordo com a Bíblia. Quem vive se reformando teologicamente, por acreditar na evolução da verdade, não é reformado, mas reformista.

Há vários lemas que os reformados gostam de usar para identificar e resumir as marcas da Reforma: *Sola Scriptura, Sola Fides, Solus Christus, Sola Gratia, Soli Deo Gloria* e o moto *Ecclesia Reformata et Semper Reformanda Est*. Mas, como tudo na vida, esses lemas têm sido entendidos e usados de maneira diversa pelos que se consideram herdeiros da Reforma.

É o caso especialmente de "Ecclesia Reformata et Semper Reformanda Est", de autoria do reformado holandês Gisbertus Voetius (1589-1676), à época do Sínodo de Dort (1618-1619). Esse *slogan*, que pode ser traduzido como "A Igreja é reformada e está sempre se reformando", tem sido interpretado como se Voetius estivesse dizendo que uma característica da Igreja Reformada é que ela está em permanente *mudança*. Contudo, é difícil imaginar que Voetius, calvinista estrito, que participou em Dordrecht da disputa contra os discípulos de Armínio, tivesse usado esse lema para encorajar a abertura da Igreja para novas ideias de qualquer tipo; seria o mesmo que dizer que os seguidores de Armínio estavam certos e que a Igreja Reformada deveria se abrir para uma reforma de natureza arminiana na sua soteriologia! Voetius estava tentando qualificar o argumento deles de que a Igreja deveria estar aberta para receber novas luzes sobre pontos que pareciam imutáveis. Voetius não negou o princípio da reforma constante, mas destacou que o alvo era sempre retornar às Escrituras, que tinham sido a base da Reforma. E na compreensão dele e do Sínodo de Dort, as ideias dos seguidores de Armínio certamente não representavam um retorno às Escrituras.

É importante notar que o aforismo de Voetius não foi "ecclesia reformans", que significaria que a Igreja reforma a si mesma, mas "ecclesia reformanda", que está na voz passiva e indica que o agente da reforma não é ela própria, mas sim o Espírito de Deus. E este certamente promove o crescimento e a compreensão das Escrituras a cada nova geração, sem que, com isso, tenhamos de admitir que a verdade muda.

Voetius estava ecoando o mestre João Calvino, que pouco antes de sua morte, tendo os ministros de Genebra à sua volta, despediu-se deles com essas palavras:

> A respeito de minha doutrina, ensinei fielmente e Deus me deu a graça de escrever. Fiz isso de modo mais fiel possível e nunca corrompi uma só passagem das Escrituras, nem conscientemente as distorci. Quando fui tentado a requintes, resisti à tentação e sempre estudei a simplicidade... peço-lhes que não façam mudanças, nem inovem. As pessoas muitas vezes pedem novidade.[1]

As palavras de Voetius vêm sendo reinterpretadas ao longo dos anos e usadas de formas que nunca passaram pela mente do teólogo calvinista holandês. A Igreja Católica, no Concílio Vaticano II, tomou para si a parte final do aforismo de Voetius, "reformanda est", após reinterpretá-lo para justificar as mudanças que introduziu no catolicismo tradicional. Os seguidores de Helen White, fundadora do Adventismo, usam-no para justificar sua reivindicação de serem uma reforma da

[1] *Letters of John Calvin*, Selected from the Bonnet Edition, Edinburgh: The Banner of Truth Trust, 1980, p. 259-260.

Reforma. E, mais recentemente, o lema ressoa distorcido novamente: uma ala da própria Reforma protestante tem usado o moto para justificar mudanças e inovações na Igreja Reformada que certamente não estão de acordo com as Escrituras. "Semper Reformanda" é o nome de uma organização religiosa nos Estados Unidos que defende o casamento homossexual e a inclusão de *gays* e lésbicas no ministério. O grupo adotou esse lema porque entendeu que expressa o princípio *mater* da Reforma, que as igrejas reformadas devem mudar a cada geração, para se contextualizar às mudanças da sociedade, da cultura e das novas compreensões.

Esse, na verdade, sempre foi o entendimento de quem acredita ter sido o propósito mais premente, na Reforma Protestante, não a volta ao passado para resgatar as antigas doutrinas da graça, mas o tipo de avanço que promove mudanças no *status quo* — embora, com isso, não queira afirmar que todos os que pensam assim são a favor da agenda GBLT (Gay, Bisexual, Lesbian, Transgender). A ideia subjacente é que o novo sempre é melhor. Querem o *reformanda* mas não o Sola Scriptura. Torcem Voetius.

Na verdade, reformados não podem ser contra a continuidade da Reforma, pois sabem que a Igreja é composta de pecadores. Sabem também que a cada geração são levantados novos desafios. Todavia, só podemos aceitar reformas e mudanças que nos tragam mais para perto da Palavra de Deus. Penso que o ponto central aqui é que os reformados crêem que a verdade não muda e que as reformas buscadas pela igreja devem sempre almejar um melhor entendimento da verdade, bem como uma aplicação de fato relevante dessa verdade para nossos dias.

Há quem acredite que a verdade muda, mencionando o termo *ecclesia reformanda* para justificar mudanças as mais variadas, inclusive das antigas verdades professadas pelos reformadores. Para quem pensa assim, nenhuma verdade é intocável, mas todas estão sujeitas a reinterpretações tão radicais a ponto de uma completa transformação. É aqui que está a principal diferença entre os *reformados* e os *reformistas*.

capítulo trinta e dois

As igrejas minúsculas dos pastores conservadores

Sei que há exceções, mas não muitas. A regra é que, aqui no Brasil, pastores e pregadores mais conservadores e reformados pastoreiam igrejas pequenas, entre 80 a 150 membros. Esse fato é notório e não poucas vezes tem sido usado como crítica contra a doutrina reformada. Se a doutrina é bíblica, boa e correta, por que seus defensores não conseguem convencer as pessoas disso? Por que suas igrejas são pouco frequentadas, não têm envolvimento missionário, não evangelizam, não crescem e contam com poucos jovens?

Como mencionei, há exceções. Conheço igrejas reformadas que são dinâmicas, crescentes, grandes, evangelizadoras e missionárias. Conheço também outras menores, que crescem não pelo aumento do número de membros na sede, mas pela plantação de outras igrejas. Quando uso a expressão "igrejas minúsculas" refiro-me não somente ao tamanho, mas à visão, ao envolvimento em evangelização e missões, à diferença que fazem. Tenho em mente as igrejas que se arrastam na rotina de seus trabalhos, ensaios e cultos há dezenas de anos, sempre do mesmo tamanho diminuto, sem que gente nova chegue para fazer a diferença.

Consciente de que há igrejas reformadas grandes e crescentes, mas também consciente das muitas pequenas que não crescem faz muito tempo e em nenhum sentido, teço os seguintes comentários neste capítulo, que bem poderia ser intitulado "Navalha na Carne":

Primeiro, ao rejeitar a ideia de que, em termos de crescimento de igrejas, os números não dizem tudo, muitos de nós, reformados, infelizmente nos esquecemos de que os números não são tão dispensáveis assim. Podemos aceitar que está tudo bem e tudo certo com uma igreja local que cresceu apenas 1% nos últimos anos, crescimento muito inferior ao da população brasileira e de outras igrejas evangélicas? Especialmente em se tratando de uma igreja em um país onde os evangélicos não são perseguidos pelo estado e as oportunidades estão escancaradas diante de nós?

Igualmente infeliz é a postura que justifica o tamanho minúsculo com o argumento da soberania de Deus. É evidente que, como reformado, creio que é Deus quem dá o crescimento. Mas creio também que, antes de colocar a culpa em Deus, nós, pastores reformados, deveríamos nos questionar no seguinte: Nossa igreja está bem localizada? O culto é acolhedor e convidativo? A igreja tem desenvolvido esforços consistentes e frequentes para ganhar novos membros? A pregação tem como objetivo direto converter pecadores? A pregação é inteligível para algum descrente que por acaso esteja ali? Os membros da igreja estão possuídos de um espírito evangelístico? Existe oração na igreja em favor da conversão de pecadores e em favor do crescimento do número de membros? Creio que muitos pastores reformados colocam cedo demais em Deus a responsabilidade do tamanho de suas igrejas, antes de fazer o dever de casa.

Segundo, é triste perceber que, em muitos casos, a soberania de Deus é usada como desculpa para se permanecer de braços cruzados, abstendo-se do esforço consciente para ganhar pessoas para Cristo. Que motivos teria Deus para querer que as igrejas reformadas fossem pequenas e que anos se passassem sem o acréscimo de novos membros pelo batismo? Que motivos secretos teria o Deus que nos mandou pregar o evangelho a todo o mundo para impedir que as igrejas locais reformadas cresçam em um país livre, onde a pregação é feita em todo lugar e onde outras igrejas evangélicas estão crescendo vertiginosamente? Penso que o problema da naniquice não está em Deus, mas em nós. Ai de nós, porque, além de não crescermos, ainda culpamos a Deus por isso!

Os crentes fiéis que estão nas igrejas já por muitos e muitos anos também precisam de alimento e pastoreio. Que Deus me livre de desprezá-los. Sei que Deus pode chamar alguém para o ministério de consolar e confortar crentes antigos durante anos a fio, igreja pequena após igreja pequena. Mas vejo essa vocação como apenas uma pequena parte do ministério pastoral, quase uma exceção. O que me assusta é ver que essa exceção tem se tornado praticamente a regra no arraial conservador e reformado. Será que Deus predestinou as igrejas conservadoras e reformadas para serem doutrinariamente corretas mas minúsculas, e as outras para crescerem apesar da teologia e metodologia erradas? Será que ele não tem vocacionado os conservadores para serem ganhadores de almas, evangelistas, plantadores de igrejas e expansores do reino? Será que a vocação padrão do pastor conservador é de ministrar a igrejas minúsculas ano após ano, sem nunca conhecer períodos de refrigério e grande crescimento no número de membros? Será que quando um pastor, que era um evangelista ardente, torna-se reformado, está sempre destinado a se tornar teólogo e professor?

Terceiro, o problema com muitos de nós, pastores conservadores e reformados, é que não estamos abertos para mudanças e adaptações nos cultos, nas atitudes e posturas, por menores que sejam, com o objetivo de dar uma cara mais simpática à igreja. Ser acolhedor, convidativo, atraente e interessante não é pecado e nem contraria as confissões reformadas ou a tradição puritana. Igrejas sisudas com cultos enfadonhos nunca foram o ideal reformado de igreja. Pastores reformados precisam pensar em meios de dar crescimento a suas igrejas, em vez de se resignarem e racionalizarem em suas mentes que ter uma igreja pequena é normal.

É verdade que muitas igrejas evangélicas crescem usando estratégias e metodologias questionáveis, especialmente aquelas da teologia da prosperidade, que atraem as pessoas com promessas de bênçãos materiais e curas que não podem cumprir. Todavia, criticar o tamanho dessas igrejas e apontar seus erros teológicos e metodológicos não justifica o tamanho minúsculo de nossas igrejas. O que nos impede de termos igrejas grandes usando os métodos certos?

Quarto, o que mais me assusta é o orgulho que ostentam certos pastores reformados com suas igrejas nanicas! "Muitos são chamados e poucos escolhidos", recitam com satisfação. Enchem o peito por pertencerem ao movimento do "esvaziamento bíblico", em vez do "avivamento bíblico"! Afirmam: "os verdadeiros crentes são poucos. Prefiro uma igreja pequena de qualidade do que uma enorme cheia de gente interesseira e superficial". Bom, se eu tivesse que escolher entre as duas coisas talvez preferisse a pequena mesmo. Mas, por que a escolha deve ser essa? Não podemos ter igrejas reformadas cheias de gente que está ali pelos motivos corretos? Sei que a quantidade costuma diminuir a quantidade, mas será que tanto assim?

Quinto, nós, pastores reformados em geral, temos a tendência de considerar a sã doutrina o foco mais importante da vida da Igreja. Portanto, muitos de nós passam seu ministério inteiro doutrinando e redoutrinando seu povo nos pontos fundamentais da doutrina cristã reformada. Pouca atenção dão para outros pontos igualmente importantes: espiritualidade bíblica, vida de oração, evangelismo consciente, determinado, planejado. Uma coisa não exclui a outra. Aliás, creio que a doutrinação bíblica sempre será evangelística, e que o evangelismo bíblico é sempre doutrinário. "Pregação", declarou Spurgeon, "é teologia saindo de lábios quentes".

Alguns pastores reformados se veem tão limitados pela doutrina da depravação total que não sabem mais como convidar pecadores a crerem em Jesus Cristo. Temos medo de parecer arminianos se ao final da mensagem convidarmos os pecadores a receberem a Cristo pela fé, ou mesmo se, durante a pregação, pressionarmos as pessoas a tomarem uma decisão. O fantasma de Charles Finney, o presbiteriano criador do sistema de apelos, assombra e atormenta os pregadores reformados, que chegam ao final da mensagem e não sabem como aplicá-la aos pecadores presentes sem parecer que estão fazendo apelação. Têm receio de parecerem pentecostais se durante a pregação adotam um tom mais coloquial ou uma linguagem mais direta, ou ainda se ficam emocionados ou se sentem fervorosos, gesticulando ou andando pelo púlpito. Creio que, se os pregadores reformados parecessem mais humanos e naturais, mais à vontade nos púlpitos, despertariam um maior interesse nas pessoas.

Creio, por fim, que ao reagirem contra os excessos do pentecostalismo quanto ao Espírito Santo, muitos reformados se retraíram, temendo orar demais, emocionar-se demais, jejuar, fazer noites de vigília, pregar nas praças e ruas e pedirem a Deus que conceda um grande avivamento espiritual em suas igrejas. Só há um medo maior para os calvinistas que o de parecer arminianos: parecer pentecostais. Nesse ponto, jogamos fora não somente a água suja da banheira, mas menino e tudo! Se houvesse mais oração e clamor a Deus por um legítimo despertamento espiritual, acredito, testemunharíamos uma diferença.

Pedi a alguns amigos meus, reformados, que criticassem este capítulo antes de sua publicação. Um deles me escreveu:

> Gostei mesmo. Me irrita o espírito de "seita sitiada" tão comum em nosso meio [reformado]; a ideia de que a vocação da igreja é defender uma fortaleza. Somos rápidos para criticar, mas tão tardios em propor alternativas.

Acho que ele resumiu muito bem o ponto.

Não tenho respostas prontas nem soluções elaboradas para o nanismo eclesiástico. Todavia, creio ser necessário um genuíno quebrantamento espiritual entre os pastores, que nos humilhe diante de Deus, nos leve a sondar nossa vida e ministério, a renovar nossos compromissos pastorais, a buscar a plenitude do Espírito Santo e a buscar sua glória acima de tudo.

sobre o autor

Augustus Nicodemus é pastor titular da Primeira Igreja Presbiteriana de Goiânia (GO), escritor e professor convidado do Centro Presbiteriano de Pós-Graduação Andrew Jumper. É vice-presidente do Supremo Concílio da Igreja Presbiteriana do Brasil. Casado com Minka Schalkwijk, é pai de Hendrika, Samuel, David e Anna.

Compartilhe suas impressões de leitura escrevendo para:
opiniao-do-leitor@mundocristao.com.br
Acesse nosso *site*: www.mundocristao.com.br

Preparação: Norma Braga
Capa: H. Guther Faggion
Imagem: Yuri Arcurs
Diagramação: Assisnet Design Gráfico
Gráfica: Assahi
Fonte: ITC Officina Sans
Papel: Pamo Classic 70 g/m² (miolo)
Cartão 250 g/m² (capa)